Gelbe Serie *leicht gemacht* ®

Herausgeber:
Professor Dr. Hans-Dieter Schwind
Dr. jur. Dr. jur. h.c. Helwig Hassenpflug

Arbeitsrecht

leicht gemacht

Eine Darstellung mit praktischen Fällen:
Verständlich – kurz – praxisorientiert

8. überarbeitete Auflage

von
Dr. Peter-Helge Hauptmann
Richter am AG

Ewald v. Kleist Verlag, Berlin

Besuchen Sie uns im Internet:
www.leicht-gemacht.de

Autoren und Verlag freuen sich über Ihre Anregungen

Umwelthinweis: Dieses Buch
wurde auf chlorfrei gebleichtem Papier gedruckt
Gestaltung: M. Haas, www.haas-satz.berlin; J. Ramminger
Druck & Verarbeitung: Druckerei Siepmann GmbH, Hamburg
leicht gemacht® ist ein eingetragenes Warenzeichen

© 2018 Ewald v. Kleist Verlag, Berlin

Inhalt

I. Fundamentale Begriffe

Lektion 1: Überblick 5
Lektion 2: Grundlagen 7
Lektion 3: Arbeiter und Angestellte....................... 14

II. Individualarbeitsrecht

Lektion 4: Anbahnung des Arbeitsverhältnisses 18
Lektion 5: Mängel des Arbeitsvertrages 22
Lektion 6: Rechte und Pflichten im Arbeitsverhältnis.......... 33
Lektion 7: Ordentliche Kündigung......................... 45
Lektion 8: Außerordentliche Kündigung 61
Lektion 9: Weitere Beendigungsgründe..................... 69

III. Kollektivarbeitsrecht

Lektion 10: Gewerkschaften und Arbeitgeberverbände 77
Lektion 11: Tarifvertrag................................... 82
Lektion 12: Arbeitskampf 88
Lektion 13: Betriebsrat 93

IV. Arbeitsgerichte

Lektion 14: Arbeitsgerichtliche Verfahren 107

Sachregister...112

Übersichten

Übersicht 1 Arbeitsleistende 11

Übersicht 2 Betrieb, Unternehmen, Konzern 13

Übersicht 3 Grundlegende Mängel des Arbeitsvertrages 29

Übersicht 4 Haftung des Arbeitnehmers 40

Übersicht 5 Kündigungsfristen (§ 622 BGB) 48

Übersicht 6 Prüfschema ordentliche Kündigung
(§§ 620 – 625 BGB) 58

Übersicht 7 Prüfschema außerordentliche Kündigung
(§§ 626 BGB) 68

Übersicht 8 Gewerkschaften des DGB 78

Übersicht 9 Anzahl der Betriebsratsmitglieder (§ 9 BetrVG) 94

Übersicht 10 Freistellung von Betriebsratsmitgliedern 95

Übersicht 11 Die zwingenden Mitbestimmungsrechte in sozialen
Angelegenheiten (§ 87 I BetrVG) 97

Übersicht 12 Arbeitnehmermitbestimmung im BetrVG 105

Übersicht 13 Weitere Arbeitnehmermitbestimmung 106

Übersicht 14 Aufbau der Arbeitsgerichtsbarkeit 111

I. Fundamentale Begriffe

Lektion 1: Überblick

Der Begriff „Arbeitsrecht" selbst lässt sich als das Recht der Arbeitsverhältnisse beschreiben. Das Arbeitsrecht regelt in erster Linie das Verhältnis zwischen dem, der arbeitet, dem Arbeitnehmer, und dem, für den er arbeitet, dem Arbeitgeber. Umfasst werden daneben auch die mit dem Arbeitsverhältnis zusammenhängenden Gebiete. Wie etwa die Beziehungen zwischen den Gewerkschaften und Arbeitgeberverbänden.

Die arbeitsrechtlichen Regelungen befinden sich in einer Vielzahl verschiedener Gesetze. Dabei gibt es kein zentrales Gesetz, wie etwa das Strafgesetzbuch (StGB) im Strafrecht, eher im Gegenteil, in zahlreichen Gesetzen werden jeweils eigenständige Materien geregelt. Bekannt machen sollten Sie sich an dieser Stelle aber schon mit zwei arbeitsrechtlich besonders relevanten Gesetzesstellen: dem Dienstvertragsrecht im BGB (§§ 611–630 BGB) und dem Kündigungsschutzgesetz (KSchG). Im BGB findet sich im genannten Abschnitt Grundlegendes zum Arbeitsrecht. Das Kündigungsschutzgesetz regelt zahlreiche Aspekte einer Kündigung.

Durch die vielen Gesetze ist es im Arbeitsrecht gar nicht so einfach, jene Grundregel, wonach das Gesetz immer neben dem Lehrbuch liegen soll, zu befolgen. Der „Schönfelder", die bekannte rote Gesetzessammlung, hilft hier kaum weiter, da viele Gesetze dort nicht enthalten sind. Arbeitsrechtler nutzen in der Regel besondere Zusammenstellungen von Arbeitsgesetzen. Am bekanntesten und wohl preiswertesten ist hier der dtv-Band „ArbG", der regelmäßig aktualisiert wird. Er enthält über 50 wichtige Gesetze und weitere Texte (z.B. Verträge) zum Arbeitsrecht. Auch zum erfolgreichen Studium dieses Lehrbuchs ist das Nachschlagen der Gesetze und deshalb die Verfügbarkeit Voraussetzung. Ein geeigneter Sammelband ist daher für Sie unverzichtbar.

Im Folgenden finden Sie neben den Gesetzesangaben hin und wieder auch Hinweise auf ergangene Entscheidungen. Wenn Sie tiefer in die Materie eindringen wollen, sollten Sie es nicht versäumen, diese nachzulesen. Arbeitsrechtliche Urteile werden häufig nach den Zeitschriften NZA (Neue Zeitschrift für Arbeitsrecht), DB (Der Betrieb), NJW (Neue Juristische Wochenschrift) oder nach den Entscheidungs-Sammlungen

AP (Arbeitsrechtliche Praxis), BAGE (Amtliche Sammlung der Entscheidungen des Bundesarbeitsgerichts) zitiert. Wenn Sie diese Sammlungen nicht zur Hand haben, so hilft häufig auch direkt das Internet.

Individual- und Kollektivarbeitsrecht

Das Arbeitsrecht teilt sich in zwei Rechtsgebiete: in das Individualarbeitsrecht und in das Kollektivarbeitsrecht.

Das Individualarbeitsrecht regelt das Verhältnis zwischen dem einzelnen Arbeitgeber und dem einzelnen Arbeitnehmer. Von Bedeutung sind dabei die Vorschriften über das Zustandekommen eines Arbeitsverhältnisses, über die Pflichten der Parteien im Arbeitsverhältnis und über die Fragen der Beendigung, insbesondere der Kündigung der Arbeitsbeziehung. Es geht also um die Rechte und Pflichten zwischen dem einzelnen Arbeitnehmer und seinem direkten Arbeitgeber.

Das kollektive Arbeitsrecht betrifft alle Rechtsfragen, bei denen nicht ein Arbeitnehmer als Einzelperson, sondern jeweils eine Gruppe (also ein sog. Kollektiv) von Arbeitnehmern betroffen ist. Dies sind z.B. alle Arbeitnehmer eines Betriebs, alle Arbeitnehmer, die in Deutschland am Bau arbeiten oder alle schwerbehinderten Arbeitnehmer. Der Kollektivbegriff des aktuellen Arbeitsrechts ist also nicht mit dem zu verwechseln, der von den Institutionen der ehemaligen DDR geprägt wurde. Das kollektive Arbeitsrecht beschäftigt sich insbesondere mit den Rechten der Gewerkschaften und ihren Gegenspielern, den Arbeitgeberverbänden, sowie mit den Fragen, die bei Abschluss von Tarifverträgen oder bei Durchführung von Arbeitskampfmaßnahmen (z.B. Streik) auftreten. Weiterhin sind die rechtlichen Probleme der innerbetrieblichen Mitbestimmung (Stichwort Betriebsrat) von Bedeutung.

Leitsatz 1

Individual- und Kollektivarbeitsrecht

Das **Individualarbeitsrecht** befasst sich mit dem einzelnen Arbeitnehmer und seinem direkten Arbeitgeber. Das **Kollektivarbeitsrecht** hingegen regelt die Rechtsfragen, von denen Arbeitnehmer als Gruppe betroffen sind.

Lektion 2: Grundlagen

Nicht jeder, der für andere arbeitet, ist Arbeitnehmer

Fall 1

Die Hausarbeit wird der Mutter der Großfamilie A zu viel. Die Familie entschließt sich deshalb, eine Hilfe für den Haushalt, das Kochen und die Kindererziehung zu beschäftigen. Sie finden in der Nachbarschaft eine Frau K, die bereit ist, viermal in der Woche von 8.00 – 14.00 Uhr zu kommen. Sie vereinbaren die Bezahlung durch festen Stundenlohn. Nach acht Monaten verlangt die Haushälterin Erholungsurlaub, in dem sie weiter bezahlt werden möchte. Zu Recht?

Ein Recht auf bezahlten Erholungsurlaub steht jedem Arbeitnehmer zu. Dies ergibt sich aus § 1 des Bundesurlaubsgesetzes (BUrlG). Mehr über den Urlaubsanspruch erfahren Sie in Lektion 6. Entscheidend für die Lösung des Falls 1 ist die Feststellung, dass gem. § 1 BUrlG nur dem Arbeitnehmer der Urlaub zusteht. Ist die Haushälterin nun Arbeitnehmer der Familie A oder leistet sie ihren Dienst aufgrund einer anderen Beziehung? Dazu müssen Sie Folgendes wissen: Nicht jeder, der Dienstleistungen erbringt, also für andere arbeitet, ist Arbeitnehmer. Er kann seine Arbeit auch als Selbstständiger verrichten. Selbstständig ist etwa der niedergelassene Arzt, der freie Rechtsanwalt oder der Handelsvertreter. Der behandelnde Arzt ist – wie allgemein bekannt – nicht Arbeitnehmer seines Patienten, der beratende Rechtsanwalt nicht Arbeitnehmer seines Mandanten.

Die Selbstständigkeit liegt allerdings nicht immer so klar auf der Hand. Es gilt also zu klären, in welchen Fällen es sich um einen Arbeitnehmer handelt, der unter das Arbeitsrecht fällt, und wann um einen Selbstständigen, der zwar auch für andere arbeitet, für den jedoch das allgemeine Vertragsrecht gilt. Wie unterscheidet man nun beide voneinander? In § 611a I S. 1 BGB heißt es dazu, dass der Arbeitnehmer zur Leistung weisungsgebundener, fremdbestimmter Arbeit in persönlicher Abhängigkeit verpflichtet ist. Allgemein lässt sich also sagen, dass jene Arbeit, die weisungsgebunden fremdbestimmt ist, die Arbeit eines Arbeitnehmers ist. Derjenige, der selbstständig bestimmen kann, arbeitet somit aufgrund eines freien zivilrechtlichen Vertrags, auf den die arbeitsrechtlichen Bestimmungen nicht zutreffen.

Das hört sich einfach an, in Zweifelsfällen ist es aber sehr schwer festzustellen, ob weisungsgebundene fremdbestimmte oder weisungsfreie selbstbestimmte Arbeit vorliegt. Es gibt keinen einheitlichen Maßstab, der für die Arbeitssituation eines Akkordarbeiters, einer Tänzerin oder eines Chefarztes gleichermaßen passt. In § 611a I S. 5 BGB wird entsprechend bestimmt, dass eine Gesamtbetrachtung aller Umstände vorzunehmen ist. Es muss also jedes Mal die besondere Situation beurteilt werden. Als Anhaltspunkte gelten drei Kriterien:

1. Der Umfang der Weisungsgebundenheit, also inwieweit der Dienstleistende Weisungen unterliegt. Wer bestimmt die Arbeitszeiten? Wer bestimmt, was gearbeitet wird? (vgl. § 611a I S.2+3 BGB)

2. Die Eingliederung in den Betrieb, also inwieweit der Dienstleistende in den Arbeitsablauf eingegliedert ist.

3. Der Grad der persönlichen Abhängigkeit. Arbeitet der Dienstleistende unselbstständig? Widmet er seine Arbeitszeit ausschließlich dem Arbeitsplatz? (vgl. § 611a I S.4 BGB)

Nun zu der Lösung des Falls 1. Wie passen Ihrer Meinung nach die Kriterien auf den Fall?

Die Familie A gibt der Haushälterin K die täglichen Arbeitsstunden vor. Weiterhin bestimmt sie, welche Aufgaben im Haushalt zu erledigen sind. Damit bestimmt die Familie K alles, was einer Haushälterin üblicherweise bestimmt wird, sodass man sagen kann, dass K weisungsgebunden ist.

Das zweite Kriterium, das der Eingliederung in den Betrieb, besitzt in diesem Fall keine Aussagekraft. Es fehlt schlicht an der Voraussetzung, da kein Betrieb und kein Arbeitsablauf in dem Sinn besteht. Es kann also durchaus vorkommen, dass sich ein Kriterium aufgrund des Sachverhalts nicht sinnvoll heranziehen lässt. Bestände hingegen ein Betrieb, so müsste man abwägen, ob die fragliche Person beim Arbeitsablauf außen vor steht oder ob sie in ihn integriert ist.

Nun zum Kriterium persönliche Abhängigkeit: K arbeitet insgesamt 24 Stunden pro Woche bei der Familie. Zudem liegen diese Stunden in der Hauptarbeitszeit, sodass wir feststellen können, dass K als Haushälterin den Hauptteil der ihr zur Verfügung stehenden Arbeitszeit der Familie

A widmet. Sie ist entsprechend der Eigenart der Tätigkeit unselbständig, also in diesem Sinn persönlich abhängig.

Eine Gesamtbetrachtung der Kriterien ergibt, dass sowohl die Weisungsgebundenheit als auch die umfangreiche Arbeitszeit für die Annahme der Arbeitnehmereigenschaft sprechen. Dagegen finden sich keine Argumente. K aus Fall 1 ist also Arbeitnehmer. Sie hat damit Anspruch auf bezahlten Erholungsurlaub.

> **Leitsatz 2**
>
> **Arbeitnehmer**
>
> Arbeitnehmer ist der, der fremdbestimmt und nicht selbstständig arbeitet. In Zweifelsfällen ist dies insbesondere anhand dreier Anhaltspunkte zu unterscheiden:
>
> → Umfang der **Weisungsgebundenheit**
> → **Eingliederung** in den Betrieb
> → Grad der persönlichen **Abhängigkeit**

Fall 2

In der Familie A arbeitet der Vater V als Ministerialbeamter, die Mutter M hat einen kleinen Lebensmittelladen, die Tochter T geht zur Schule und hilft nachmittags oft im Laden der Mutter, der erste Sohn S1 leistet Dienst bei der Bundeswehr und der zweite Sohn S2 verbüßt eine Strafe im Gefängnis und stellt dort Holzmöbel her. Wer, meinen Sie, ist von den Mitgliedern der Familie Arbeitnehmer.

Auf den ersten Blick lässt sich feststellen, dass alle Mitglieder eine Arbeitsleistung erbringen. Die Mutter ist selbstständig. Sie ist daher – wie schon dargelegt – kein Arbeitnehmer. Die anderen Familienmitglieder arbeiten jedoch fremdbestimmt. Sind sie Arbeitnehmer? Gilt für sie das Arbeitsrecht?

Aufgepasst! Nicht alle, die fremdbestimmt arbeiten, sind Arbeitnehmer. Es gibt eine Vielzahl von Ausnahmen:

a) Beamte, Richter und Soldaten werden aufgrund eines öffentlichen Dienstverhältnisses tätig.

b) Strafgefangene und Personen, die in geschlossenen Anstalten eingewiesen sind, arbeiten im Rahmen eines öffentlich-rechtlichen Gewaltverhältnisses.

c) Gesellschafter, die für ihre Gesellschaft tätig werden, sind keine Arbeitnehmer.

d) Vorstandsmitglieder juristischer Personen sind in ihrer Funktion als Leiter keine Arbeitnehmer.

e) Kinder und Ehegatten sind, wenn sie im Rahmen ihrer familienrechtlichen Pflicht helfen, keine Arbeitnehmer.

Darüber hinaus bestehen noch weitere Ausnahmen, etwa für die Mitglieder von religiösen Orden, die aus Überzeugung Arbeit leisten.

Zurück zum Fall 2! Welche Person ist Arbeitnehmer und welche nicht? Der Vater ist Beamter, die Tochter T arbeitet aufgrund familiärer Pflichten, S2 als Strafgefangener unterliegt einem öffentlich-rechtlichen Gewaltverhältnis und S1 unterliegt, wie der beamtete Vater, einem öffentlich-rechtlichen Dienstverhältnis. Die Mutter ist selbstständig. Es zeigt sich also, dass überhaupt kein Mitglied der Familie A Arbeitnehmer ist.

Arbeitgeber

Weitaus einfacher als die Erläuterung des Begriffs Arbeitnehmer ist die Erklärung des Begriffs Arbeitgeber, denn Arbeitgeber ist jeder, der mindestens einen Arbeitnehmer bei sich beschäftigt.

Leitsatz 3

Arbeitgeber

Arbeitgeber ist jeder, der **mindestens** einen Arbeitnehmer beschäftigt.

Übersicht 1: Arbeitsleistende

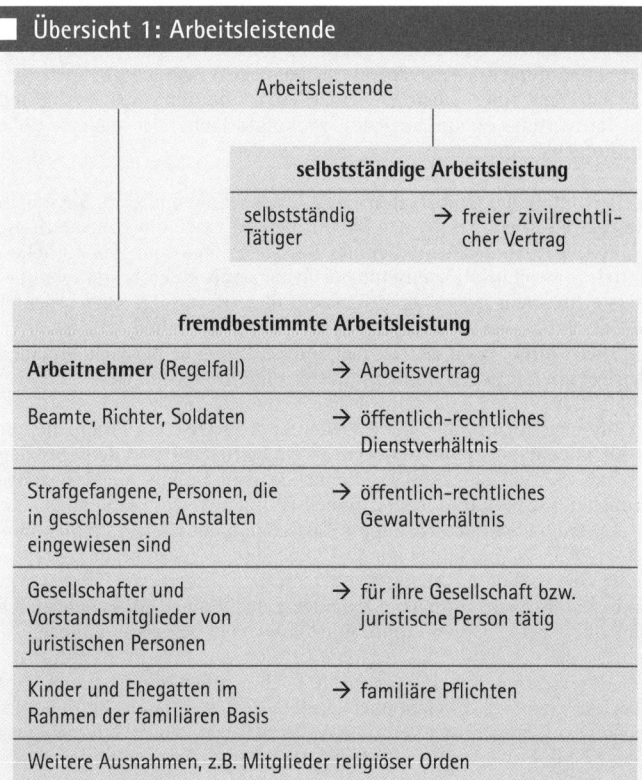

Betrieb, Unternehmen und Konzern

Auf Arbeitgeberseite kommen oft weitere Begriffe vor: Es heißt etwa Betrieb, Unternehmen oder auch Konzern. Was bedeuten diese Begriffe? Es sind Organisationsformen von Firmen. An diese Organisationsformen knüpft das Arbeitsrecht in vielen Fällen an. Ein Beispiel ist der Betriebsrat. Er kann in Betrieben mit mindestens fünf ständigen wahlberechtigten Arbeitnehmern, von denen drei wählbar sind, gewählt werden (§ 1 BetrVG). Weiteres zum Betriebsrat in Lektion 13. Ein anderes Beispiel für die Anknüpfung des Arbeitsrechts an den Begriff Betrieb ist die Betriebszugehörigkeit eines Arbeitnehmers. Hiernach bestimmen sich aufgrund des Tarifvertrags oft die Länge des Erholungsurlaubs oder sogar die Höhe des Entgelts.

Die Definition des Begriffs Betrieb ist leider sehr kompliziert. Sie sollten sie zumindest einmal gelesen haben: Betrieb ist eine organisatorische Einheit, mit der ein Unternehmer mit sächlichen und immateriellen Mitteln unter Einsatz menschlicher Arbeitskraft einen bestimmten arbeitstechnischen Zweck unmittelbar fortgesetzt verfolgt. Dies bedeutet so viel, als dass ein Arbeitgeber mit Maschinen, Ideen und Arbeitskräften auf Dauer direkt etwas erstellt oder bewirkt. Typische Beispiele für einen Betrieb: ein Kaufhaus, ein Fahrradwerk, ein Friseursalon etc.

Es gibt aber auch Problemfälle. Gelten zwei Werke einer Firma, die nur 10 km voneinander entfernt liegen, als ein Betrieb mit zwei Betriebsteilen oder als zwei einzelne Betriebe? Sehen Sie in die Definition. Wo liegt das Problem? Die organisatorische Einheit ist fraglich! Der Problemfall lässt sich allerdings mit den bekannten Tatsachen nicht lösen. Es fehlen Einzelheiten. Es kommt immer auf die Umstände des Einzelfalls an! Arbeiten beide Werke völlig unabhängig voneinander, so liegen zwei Betriebe vor. Sind sie sehr verzahnt, haben sie einen gemeinsamen Aufgabenbereich und eine vereinte Organisation, so ist von einem Betrieb auszugehen.

Ein Unternehmen ist eine organisatorische Einheit, die bestimmt wird durch den wirtschaftlichen oder ideellen Zweck, dem ein Betrieb oder mehrere organisatorisch verbundene Betriebe desselben Unternehmens dienen. Sind also mehrere Betriebe eines Unternehmens durch einen wirtschaftlichen oder ideellen Zweck verbunden, so bilden sie ein Unternehmen. Fehlt dieser Zweck, so ist es kein gemeinsames Unternehmen. Ein Unternehmer kann deshalb zwei Betriebe besitzen und doch nicht ein, sondern zwei Unternehmen haben. Dies ist z.B. der Fall, wenn ein Betrieb Backwaren herstellt und der andere mit Computern handelt.

Sind nun wiederum mehrere Unternehmen zusammengeschlossen, wird diese organisatorische Einheit Konzern genannt.

Auch die Begriffe Unternehmen und Konzern werden vom Arbeitsrecht aufgegriffen, etwa bei der Bildung von Betriebsräten. Denn gem. §§ 47 ff BetrVG besteht die Möglichkeit, Gesamtbetriebsräte in Unternehmen oder Konzernbetriebsräte zu wählen. Die drei Begriffe lassen sich gut an der Volkswagen AG darstellen. Die Volkswagen AG ist ein Konzern. Dieser Konzern teilt sich in mehrere Unternehmen u.a. in Audi, Seat, Škoda und Volkswagen selbst. Jedes dieser Unternehmen hat eigene Betriebe; Audi etwa das Werk Ingolstadt, VW etwa die Werke Wolfsburg, Hannover und Braunschweig.

Übersicht 2: Betrieb, Unternehmen, Konzern

Organisatorische Einheit, ...

Betrieb	mit der ein Unternehmer mit sächlichen und immateriellen Mitteln unter Einsatz menschlicher Arbeitskraft einen bestimmten arbeitstechnischen Zweck unmittelbar fortgesetzt verfolgt
Unternehmen	bestimmt durch den wirtschaftlichen und ideellen Zweck, dem ein Betrieb oder mehrere organisatorisch verbundene Betriebe desselben Unternehmens dienen
Konzern	in Form eines Zusammenschlusses von Unternehmen

Systematischer Konzernaufbau:

```
                         Konzern
        ┌───────────────────┼───────────────────┐
    Unternehmen         Unternehmen         Unternehmen
   ┌────┼────┐          ┌────┐                  │
Betrieb Betrieb Betrieb  Betrieb Betrieb      Betrieb
```

Lektion 3: Arbeiter und Angestellte

■ Fall 3

In der Betriebsvereinbarung der Rasenmäherfabrik R ist festgelegt, dass den Arbeitern morgens und abends jeweils zehn Minuten bezahlte Zeit zum Umziehen zusteht. Angestellte erhalten diese Vergünstigung nicht. Die Mitarbeiter des kleinen Forschungslabors, in dem die Haltbarkeit der verwendeten Materialien geprüft wird, beanspruchen die Umziehzeit. Zu Recht?

Der Fall wirft die Frage auf, wer Angestellter und wer Arbeiter ist. Früher wurde die Unterscheidung mit folgender Daumenregel gelöst: Der, der sitzt und der, der steht!

Die Situation hat sich allerdings mit der fortschreitenden Entwicklung der Arbeitswelt verkompliziert. So haben sich folgende Definitionen durchgesetzt:

Angestellter ist derjenige, der kaufmännische oder büromäßige oder sonst wie vorwiegend geistige Arbeit leistet. Es wird also auf die Art der geleisteten Arbeit abgestellt. Dabei kommt es nicht darauf an, ob eine besondere Vorbildung notwendig ist oder ob die Tätigkeit leicht oder schwierig ist. Angestellte sind daher beispielsweise alle Verkäufer in den Einzelhandelsgeschäften, die Arbeitnehmer in Banken und alle, die in den verschiedenartigen Büros arbeiten. Weitere Beispiele: Kassiererin, Arzthelferin, Krankenschwester, Musiker oder Telefonist.

Arbeiter ist hingegen derjenige, der überwiegend körperliche Arbeit verrichtet. Dies betrifft etwa alle Bauberufe wie Maurer, Zimmermann und Maler als auch alle weiteren Handwerker oder die Lagerarbeiter. Weitere Beispiele: Schlossführer, Straßenbahnführer, Tankwart, Eintrittskartenverkäufer oder Koch.

Der Unterschied zwischen Arbeitern und Angestellten war früher im Hinblick auf das Kündigungsschutzrecht von sehr großer Bedeutung. Im Gesetz und in vielen Tarifverträgen fanden sich unterschiedliche Kündigungsfristen. Dabei waren Arbeiter deutlich schlechter gestellt, so z.B. mit einer Mindest-Kündigungsfrist von nur zwei Wochen. Das Bundesverfassungsgericht (BVerfG) hat diese Unterscheidung jedoch schon 1990 als verfassungswidrig zurückgewiesen. Diese Ansicht wurde allseits übernommen und seitdem ist die Frage Angestellter oder Arbeiter nur noch in Randbereichen von Bedeutung.

> ## Leitsatz 4
> **Angestellter oder Arbeiter**
>
> **Angestellte** sind jene Arbeitnehmer, die eine kaufmännische Tätigkeit, Büroarbeit oder eine sonst wie vorwiegend geistige Arbeit ausführen. **Arbeiter** hingegen verrichten überwiegend körperliche Arbeit.

Nun zurück zum Ausgangsfall 3! Sind die Mitarbeiter des Labors nun Arbeiter oder Angestellte? Als Erstes ist zu überlegen, ob sie kaufmännische oder bürotypische Arbeit erledigen. Dies ist nicht der Fall. Als Laborarbeiter sind sie weder im Büro, noch verkaufen sie oder Ähnliches. Fragen wir weiter: Leisten die Mitarbeiter nun überwiegend geistige oder körperliche Arbeit? Im Labor wird sicher auch körperliche Arbeit anfallen, wie das Hereinbringen oder das Zerkleinern von Materialproben, die Hauptaufgabe liegt aber in der Auswertung und Analyse der Untersuchungen. Dies ist geistige Arbeit. Die Arbeitnehmer im Labor sind daher Angestellte. Ihnen steht in der Rasenmäherfabrik R, die nur den Arbeitern eine Umkleidezeit zubilligt, keine Umziehpause zu.

Leitende Angestellte

Fall 4
In einer großen Bank stehen Betriebsratswahlen an. L ist Leiter der Wertpapierabteilung. Diese Abteilung umfasst ca. 20 Mitarbeiter und ist direkt der Geschäftsleitung unterstellt. L strebt das Amt des Betriebsrats an. Sehen Sie Probleme?

Lesen Sie die §§ 1, 5 III Betriebsverfassungsgesetz (BetrVG). Der Betriebsrat und seine Wahl sind erst Thema der Lektion 13. Von Bedeutung ist in diesem Zusammenhang, dass der § 5 III BetrVG **leitende Angestellte** von der Anwendung des Gesetzes ausschließt. Dort findet sich auch eine Definition des leitenden Angestellten (lesen!). Er ist – kurz gefasst – zur selbstständigen Einstellung und Entlassung berechtigt, hat Generalvollmacht oder Prokura oder nimmt eigenverantwortliche Aufgaben wahr.

Leitende Angestellte können also, da das Betriebsverfassungsgesetz auf sie keine Anwendung findet, weder den Betriebsrat wählen, noch als Betriebsrat gewählt werden. Sie werden demnach auch nicht durch den Betriebsrat vertreten. Ihre Vertretung finden die leitenden Angestellten in sog. Sprecherausschüssen, die im Gesetz über Sprecherausschüsse der leitenden Angestellten (SprAuG) geregelt werden.

Kommen wir zurück zu Fall 4. Ist L nun als leitender Angestellter zu klassifizieren? Es ist durchaus möglich, dass der Leiter einer solchen Wertpapierabteilung zur selbstständigen Einstellung und Entlassung berechtigt ist und Prokura bzw. sogar Generalvollmacht hat. Aus dem Sachverhalt lässt sich jedoch nichts dazu entnehmen, sodass wir dies nicht zu Grunde legen können. Die Frage ist damit, ob L eigenverantwortliche Aufgaben wahrnimmt und daher als leitender Angestellter einzuordnen wäre.

Allein aus der Tatsache, dass er eine Abteilung leitet, lässt sich noch nichts ablesen. Es existieren Abteilungen mit nur sehr wenig Mitarbeitern, etwa nur dem Leiter und seinem Stellvertreter, oder bei denen der Leiter keinerlei Entscheidungsspielraum hat, etwa weil er sich fest nach vorgegebenen Preislisten zu richten hat. In derartigen Fällen liegt keine eigenverantwortliche Aufgabenwahrnehmung vor. Es kommt also auf den Einzelfall an.

Im vorliegenden Fall leitet L eine Abteilung mit ca. 20 Mitarbeitern. Diese führt er dementsprechend in eigener Verantwortlichkeit. L leitet zudem eine wichtige Abteilung, da die Wertpapierabteilung in der Regel Kontakt mit den vermögenden Kunden hat. Des Weiteren untersteht er nur der Geschäftsleitung. L steht also in der Hierarchie weit oben. Damit lässt sich schlussfolgern, dass L eigenverantwortliche Aufgaben wahrnimmt. L ist daher als leitender Angestellter einzuordnen. Sein Wunsch, Betriebsrat zu werden, scheitert somit schon bei der Aufstellung als Kandidat. Als leitender Angestellter kann er nicht gewählt werden.

Weitere Sonderbehandlung finden die leitenden Angestellten im Kündigungsschutzgesetz (KSchG) und des Arbeitszeitgesetzes (ArbZG). Zudem werden ihre Arbeitsverträge in der Regel nicht von den allgemeinen Tarifverträgen umfasst, sondern beruhen auf Einzelvereinbarungen.

Leitsatz 5

Leitende Angestellte

Leitende Angestellte sind entweder

→ zur **selbstständigen Einstellung** und **Entlassung** berechtigt oder

→ haben **Generalvollmacht** oder **Prokura** oder

→ nehmen **eigenverantwortliche Aufgaben** wahr.

Gesetzliche Definitionen finden sich in § 5 III BetrVG und § 14 KSchG.

II. Individualarbeitsrecht

Lektion 4: Anbahnung des Arbeitsverhältnisses

Arbeitsvertrag

Bevor wir zu den Einzelheiten über die Anbahnung des Arbeitsverhältnisses kommen, wollen wir uns mit der rechtlichen Einordnung des Arbeitsvertrags beschäftigen. Auf den ersten Blick stellen sich verschiedene Fragen: Was ist ein Arbeitsvertrag? Ist er mit anderen Verträgen vergleichbar? Auf welcher Rechtsgrundlage steht er?

Die Lösung ist unproblematisch: Grundsätzlich ist der Arbeitsvertrag ein schuldrechtlicher Vertrag wie jeder andere. Auch er wird im BGB geregelt.

Einzuordnen ist der Arbeitsvertrag in das Dienstvertragsrecht (§§ 611–630 BGB). Er ist eine Unterart des Dienstvertrags und konkret in § 611a BGB geregelt. Der Arbeitnehmer ist zur Arbeitsleistung und der Arbeitgeber zur Vergütung verpflichtet. Für den Arbeitsvertrag gelten – wie für alle schuldrechtlichen Verträge des BGB – der Allgemeine Teil (Erstes Buch) und die allgemeinen Vorschriften zum Schuldrecht (§§ 241–432 BGB). Wenn Ihnen der Aufbau des BGB nicht geläufig ist, so sollten Sie sich spätestens jetzt einen Überblick über die einschlägigen Abschnitte anhand des BGB-Inhaltsverzeichnisses verschaffen! Zudem sollten sie die entsprechenden Abschnitte nochmals durchsehen.

Leitsatz 6

Arbeitsvertrag

Der Arbeitsvertrag ist in § 611a BGB geregelt. Er ist eine Unterart des **Dienstvertrags** (§§ 611–630 BGB). Für Dienstverträge gelten die Vorschriften:

→ des Allgemeinen Teils des BGB (Erstes Buch)
→ des Allgemeinen Teils des Schuldrechts (§§ 241–432 BGB)

Vorstellungskosten

■ Fall 5

A, ein Schlosser aus Flensburg, der gerade seine Gesellenprüfung abgelegt hat, bewirbt sich auf eine Stelle in München. Er erhält eine Einladung zum Vorstellungsgespräch. Als ihm die hohen Fahrtkosten bewusst werden, überlegt er, ob er überhaupt fahren soll. Was raten Sie ihm, nachdem Sie die §§ 662, 670 BGB gelesen haben?

Üblicherweise beginnt die Einstellung eines Arbeitnehmers mit der Bewerbung und dem daraus folgenden Vorstellungsgespräch. Zum Vorstellungsgespräch lädt der Arbeitgeber ein. Es ist mithin ein Auftrag an den Arbeitnehmer, sich bei ihm vorzustellen. Es gelten die Vorschriften des Auftrags (§§ 662–676 BGB). Gem. § 662 BGB übernimmt der Beauftragte den Auftrag zur kostenlosen Ausführung. Dies bezieht sich nicht auf die Aufwendungen. Der Beauftragte kann jedoch darauf vertrauen, dass der Auftraggeber die erforderlichen Aufwendungskosten übernimmt (§ 670 BGB). Beim Vorstellungsgespräch sind dies etwa die Fahrt-, Übernachtungs- und Verpflegungskosten. Diese Aufwendungen muss also der einladende Arbeitgeber bezahlen. Nicht dazu gehört der Verdienstausfall eines Arbeitnehmers, der bei einem anderen Arbeitgeber unbezahlten Urlaub zur Vorstellung nimmt. Der Arbeitgeber kann sich allerdings der Verpflichtung zur Erstattung der Kosten entledigen. Wenn er bei der Einladung darauf hinweist, dass er die Kosten nicht übernehmen will, so ist er auch nicht aus § 670 BGB verpflichtet.

Der Fall 5 löst sich also sehr einfach. Wir empfehlen daher, das Vorstellungsgespräch wahrzunehmen.

Pflichten aus Treu und Glauben

Die Anbahnung des Arbeitsvertrags unterliegt auch den Bindungen von Treu und Glauben.

Treu und Glauben verpflichten einerseits den Arbeitnehmer zur Mitteilung über Leistungshindernisse. Dies sind etwa Krankheiten, die die Arbeitsausführung erschweren oder unmöglich machen, wie Rheuma in den Händen bei einer Sekretärin oder Tierhaarallergie bei einer Tierarzthelferin.

Andererseits obliegt dem Arbeitgeber die Pflicht, die Bewerbungsunterlagen sorgfältig zu verwahren und ggf. schnell zurückzusenden. Des Weiteren ist er verpflichtet, über die ihm durch die Bewerbung bekannt gewordenen Geheimnisse, Stillschweigen zu wahren.

Antidiskriminierungssorge

Schon bei der Ausschreibung hat der Arbeitgeber nach dem Allgemeinen Gleichbehandlungsgesetz (AGG) zu beachten, dass er die Bewerber nicht diskriminiert (§ 6 ff AGG). Er muss dies u.a. gem. § 11 AGG dadurch zum Ausdruck bringen, dass er weder in internen Stellenmitteilungen noch in externen Stellenanzeigen diskriminierende Formulierungen benutzt. So darf er z.B. einen Arbeitsplatz nur geschlechtsneutral ausschreiben. Es müssen sich Frauen und Männer gleichermaßen angesprochen fühlen. In einer Zeitungsanzeige darf es deshalb z.B. nicht heißen, „gesucht wird ein Kraftwagenfahrer", sondern nur „gesucht wird ein(e) Kraftwagenfahrer(in)" oder „gesucht wird ein Kraftwagenfahrer (w/m)".

Gleichermaßen muss ein Arbeitgeber gem. § 1, 6 ff AGG beachten, dass er bei der Vertragsanbahnung niemanden aus Gründen der Rasse, der ethnischen Herkunft, der Religion, der Weltanschauung, einer Behinderung, des Alters oder der sexuellen Identität benachteiligt.

Aber was passiert, wenn der Arbeitgeber sich nicht daran hält, wenn er z.B. in Anzeigen einen „evangelischen Schlosser" sucht? Der Arbeitgeber macht sich in solchen Fällen abgewiesenen Bewerbern gegenüber gem. § 15 I, II AGG schadensersatz- und entschädigungspflichtig. Abgewiesene Bewerber können klagen und erhalten zum einen Schadensersatz (Vermögensschaden) und zum anderen für das „Leid" eine angemessene Entschädigung in Geld (bei Nichteignung höchstens drei Monatsgehälter).

Aber halt! Dies gilt nicht uneingeschränkt! Die §§ 8 ff AGG eröffnen doch die eine oder andere Ausnahme, wenn es sachlich wirklich notwendig ist (AGG einmal durchsehen!). In Bezug auf das Geschlecht ist etwa eine konkrete Stellenausschreibung zulässig, wenn es unverzichtbare Voraussetzung der Tätigkeit ist. Dies ist z.B. der Fall, wenn im Theater eine weibliche Rolle zu besetzen ist oder wenn Aufsichtspersonal in einer Haftanstalt gesucht wird.

Leitsatz 7

Anbahnung des Arbeitsverhältnisses

Im Rahmen der Anbahnung eines Arbeitsverhältnisses **obliegen beiden Seiten Pflichten**.

→ Der Arbeitnehmer muss nach Treu und Glauben **Leistungshindernisse** (z.B. Tierhaarallergie bei Tierarzthelferin) mitteilen.

→ Der Arbeitgeber muss nach Treu und Glauben Bewerbungsunterlagen gut aufbewahren und ggf. schnell zurückschicken, gewonnene Geheimnisse wahren, bei Vorstellungseinladungen ggf. **Aufwendungen zahlen** (§§ 662, 670 BGB) und für die **Nichtdiskriminierung** Sorge tragen (AGG).

Lektion 5: Mängel des Arbeitsvertrages

Anfechtung wegen arglistiger Täuschung

Fall 6

Die A-Bank gibt eine Stellenanzeige auf. Sie sucht eine(n) Bankkauffrau(mann). Erwünscht werden die üblichen Unterlagen und zusätzlich ein handgeschriebener Lebenslauf. Die entsprechend ausgebildete Bankkauffrau B bewirbt sich auf die Anzeige. Weil sie ihre Handschrift für kaum leserlich hielt, hatte sie ihren Vater gebeten, den Lebenslauf zu schreiben. B erhält die Stellung. Inzwischen ist ihr die Angelegenheit mit dem Lebenslauf sehr unangenehm. Sie befürchtet rechtliche Folgen. Zu Recht?

Bei einem normalen Kauf- oder Darlehensvertrag prüfen wir bei einem solchen Sachverhalt die Anfechtung gem. § 123 BGB wegen arglistiger Täuschung. Aber kann auch ein Arbeitsvertrag angefochten werden? Die Antwort müsste Ihnen schon klar sein! § 123 BGB befindet sich im ersten Buch des BGB, das – wie oben dargestellt – auch auf Arbeitsverträge Anwendung findet. Die Anfechtung eines Arbeitsvertrags ist daher grundsätzlich möglich. Welche Folgen hat die Anfechtung eines Arbeitsvertrags? Normalerweise ist ein angefochtener Vertrag gem. § 142 BGB als von Anfang an nichtig anzusehen. Es erfolgt eine Rückabwicklung nach den Vorschriften über die ungerechtfertigte Bereicherung (§§ 812 ff BGB). Eine solche Rückabwicklung ist bei einem bereits vollzogenen Arbeitsvertrag schlechterdings nicht möglich. Wie soll etwa der Arbeitgeber die geleisteten Arbeitsstunden zurückgewähren? Möglicherweise ist er gar nicht bereichert, da der Arbeitnehmer nur ungenügend eingearbeitet wurde. Die Anfechtung eines Arbeitsvertrags gilt daher erst für die Zukunft (ex nunc). Der zurückliegende Zeitraum ist als fehlerfreies Arbeitsverhältnis zu betrachten. Der Arbeitsvertrag endet jedoch im Augenblick der Anfechtung.

Zurück zu Fall 6: Sollte die A-Bank erfahren, dass sich B mit einem fremdgeschriebenen Lebenslauf beworben hat, kann sie den Arbeitsvertrag wegen arglistiger Täuschung anfechten. Die Anfechtung wäre in diesem Fall auch berechtigt. Die A-Bank hatte in der Anzeige ausdrücklich einen handgeschriebenen Lebenslauf erwünscht. Damit hat sie verdeutlicht, dass sie bei der Einstellungsentscheidung die Handschrift des Lebenslaufs mit einbeziehen will. In dieser Situation einen Lebenslauf, der vom Vater geschrieben wurde, einzureichen, ist als arglistige Täuschung zu bewerten (vgl. BAG, AP Nr. 24 zu § 123 BGB). Die A-Bank kann also durch eine Anfechtung das Arbeitsverhältnis mit sofortiger Wirkung beenden.

Nach der Entdeckung des Anfechtungsgrundes, hier also des nicht selbst geschriebenen Lebenslaufes, muss die Anfechtung innerhalb eines Jahres erfolgen (§ 124 BGB). Die Bankkauffrau B aus unserem Fall braucht allerdings nicht ihr ganzes Berufsleben bei der A-Bank Angst vor der Entdeckung zu haben. Nach mehreren Jahren ungestörten Arbeitsverhältnisses ist eine Anfechtung des Arbeitgebers treuwidrig (§ 242 BGB), also nicht mehr möglich.

Leitsatz 8

Anfechtung des Arbeitsvertrags wegen arglistiger Täuschung

Die Regelungen der Anfechtung wegen arglistiger Täuschung (§§ 123 f. BGB) finden auf den Arbeitsvertrag Anwendung. Die Anfechtung entfaltet beim Arbeitsverhältnis ihre **Wirkung** jedoch **erst für die Zukunft** – ex nunc. Es kommt zur Auflösung des Arbeitsvertrags mit dem Augenblick der Erklärung der Anfechtung. Die Anfechtung muss binnen Jahresfrist nach Entdeckung der Täuschung erfolgen (§ 124 BGB). Nach mehreren Jahren ungestörten Arbeitsverhältnisses ist die Anfechtung nicht mehr möglich (§ 242 BGB).

Einstellungsfragebogen und Einstellungsgespräch

In der Praxis entstehen die meisten Probleme bei Täuschungen durch die Falschbeantwortung von mündlichen oder schriftlichen Fragen.

Fall 7

A bewirbt sich in einem großen Kaufhaus K als Verkäufer. Beim Einstellungsgespräch wird ihm ein sog. Einstellungsfragebogen vorgelegt, der u.a. die Frage nach Vorstrafen in Vermögensdelikten enthält. A kreuzt „nein" an, obgleich er vor zwei Jahren wegen Diebstahls bestraft wurde. Es kommt zum Abschluss des Arbeitsvertrags. Nach einem dreiviertel Jahr erfährt der Personalleiter P von der Vorstrafe. P hält einen wegen

Diebstahls vorbestraften Mitarbeiter für unhaltbar und ficht den Arbeitsvertrag für das Kaufhaus an.

Bei Einstellungsgesprächen kommt es oft vor, dass die Bewerber nicht nur gefragt werden, sondern dass ihnen auch sog. Einstellungsfragebogen vorgelegt werden. Die Fragebogen sind zum Teil sehr direkt und fragen nach Dingen, die niemanden etwas angehen, auch den Arbeitgeber nicht. Es ist vorgekommen, dass in den Fragebogen nach Gewohnheiten aus dem Intimbereich (z.B. Nehmen Sie die Antibabypille?, Träumen Sie oft von sexuellen Dingen?), nach der Intensität der Religionsausübung (Fühlen Sie sich als besonderer Sendbote Gottes?) oder nach einer bestimmten Parteizugehörigkeit (Steht Ihnen die Sozialdemokratie nahe?) gefragt wurde.

Derartige Fragen sind jedoch mit dem Allgemeinen Gleichbehandlungsgesetz (AGG) nicht vereinbar. Niemand darf demnach wegen der Rasse, der ethnischen Herkunft, der Religion, der Weltanschauung, einer Behinderung, des Alters oder der sexuellen Identität bei der Anbahnung des Arbeitsverhältnis benachteiligt werden (§ 1 AGG). Darauf abzielende Fragen verletzen die Würde und das Persönlichkeitsrecht der Bewerber.

Andererseits hat der Arbeitgeber ein berechtigtes Interesse, seinen angehenden Arbeitnehmer kennen zu lernen. Er benötigt Informationen, um beurteilen zu können, ob sich der Bewerber für den Arbeitsplatz eignet oder nicht. Von Bedeutung sind jedoch nur jene Informationen, die mit dem Arbeitsverhältnis in konkreter Beziehung stehen und die nicht etwa auf eine Diskriminierung hinzielen. Nur nach solchen Informationen darf der Arbeitgeber fragen. Allen anderen Fragen sind unzulässig.

Unzulässige Fragen braucht der Bewerber nicht zu beantworten! Es liegt jedoch auf der Hand, dass dies nicht die Lösung des Problems ist, denn der Bewerber muss bei der Verweigerung von Antworten damit rechnen, nicht eingestellt zu werden. Der Bewerber ist daher berechtigt, auf unzulässige Fragen folgenlos falsch zu antworten! Der Arbeitgeber kann redlicherweise nicht erwarten, dass ihm eine Frage, die in die Grundrechte des Befragten eingreift oder auf eine Diskriminierung hinzielt, richtig beantwortet wird. Er hat keinen Anspruch auf eine entsprechend richtige Antwort. Der Bewerber, der in einem solchen Fall lügt, täuscht daher den Arbeitgeber nicht arglistig im Sinn von § 123 BGB. Eine falsche

Antwort stellt also nur dann eine arglistige Täuschung dar, wenn die Frage zulässig war.

> ## Leitsatz 9
> ### Zulässigkeit von Einstellungsfragen
>
> In Einstellungsfragebogen und -gesprächen sind Fragen unzulässig, die auf eine **Diskriminierung** im Sinne des Allgemeinen Gleichbehandlungsgesetzes hinzielen. Dies sind z.B. Fragen über sexuelle Vorlieben, religiöse Ansichten oder politische Mitgliedschaften. Der Arbeitgeber hat keinen Anspruch auf richtige Antworten. Deshalb täuscht die falsche Beantwortung solcher Fragen ihn nicht arglistig. Er kann nicht gem. § 123 BGB anfechten.

Kommen wir zurück zu dem vorbestraften Verkäufer A aus Fall 7! Vorstrafen brauchen in der Regel nicht angegeben zu werden. Anders ist dies jedoch, wenn die Vorstrafe ihrer Art nach geeignet ist, die Eignung für den angestrebten Beruf infrage zu stellen. Dies sind etwa eine Vorstrafe wegen Sittlichkeitsverbrechen bei Ausbildern oder auch Diebstahl sowie Betrug bei Verkäufern. A hätte also seine Vorstrafe wegen Diebstahls angeben müssen. Durch die Anfechtung wird daher das Arbeitsverhältnis mit sofortiger Wirkung beendet.

Anders müssten wir den Fall beurteilen, wenn A wegen Vergewaltigung vorbestraft wäre. Dies hätte er, weil die Straftat die Eignung für dieses Position nicht beeinträchtigt, verschweigen dürfen. Darüber hinaus dürfen alle Vorstrafen, die gem. § 51 Bundeszentralregistergesetz (BZRG) nicht offenbart zu werden brauchen, verheimlicht werden. Dieser Fall tritt gem. § 34 BZRG spätestens nach fünf Jahren ein. Wäre die Vorstrafe von A also entsprechend alt gewesen, so hätte er sie ohne rechtliche Konsequenz verschweigen dürfen.

Die Frage nach den Vermögensverhältnissen, insbesondere die nach Schulden, muss nur von jenen Bewerbern richtig beantwortet werden, die eine Stellung anstreben, die finanzielle Unabhängigkeit voraussetzt. Zu denken ist etwa an Positionen als Bankangestellter, Geldtransporterfahrer oder Buchhalter.

Fragen zur Mitgliedschaft in Partei, Gewerkschaft etc. müssen nur dann richtig beantwortet werden, wenn es um eine Bewerbung bei einem entsprechenden sog. Tendenz-Unternehmen geht. Wer bei der CDU beschäftigt werden will, darf natürlich nicht in der SPD Mitglied sein.

Häufig werden Frauen in Vorstellungsgesprächen nach einer bestehenden Schwangerschaft gefragt. Diese Frage ist angesichts des besonderen Kündigungsschutzes von Schwangeren (s. Lektion 7) sehr bedeutsam. Auch eine solche Frage ist jedoch nicht zulässig. Sie fällt unter die unstatthafte Geschlechtsdiskriminierung. Eine Frau mit positivem Schwangerschaftstest darf dies also ggf. getrost abstreiten. Lediglich in jenen Ausnahmefällen, in denen die Schwangerschaft die Berufsausübung direkt beeinträchtigt (Mannequin), ist die Frage doch erlaubt.

Anfechtung wegen Drohung oder Irrtums

Neben der Anfechtung wegen arglistiger Täuschung gibt es zwei weitere Anfechtungsgründe: Drohung und Irrtum. Ihre praktische Bedeutung ist allerdings geringer.

Die Anfechtung wegen widerrechtlicher Drohung wird in § 123 BGB geregelt. Drohung ist das Inaussichtstellen eines künftigen Übels, wodurch der Bedrohte in eine Zwangslage versetzt wird. Sie beschäftigt die Praxis nicht, da es sehr unwahrscheinlich ist, dass ein Arbeitsvertrag unter Drohung abgeschlossen wird. Die Anfechtung wegen widerrechtlicher Drohung ist rechtlich wie die wegen arglistiger Täuschung zu behandeln. Auch sie muss binnen Jahresfrist erfolgen.

Die Anfechtung wegen Irrtums gem. § 119 BGB ist möglich, wenn sich der Arbeitgeber über eine verkehrswesentliche, also eine für die Abwicklung des Arbeitsverhältnisses erhebliche, Eigenschaft des Arbeitnehmers geirrt hat. Aus dem Begriff „Irren" geht hervor, dass der Arbeitgeber zunächst etwas angenommen hat, was sich dann später als falsch herausstellt. Es handelt sich zum einen um jene Eigenschaften, von denen der Arbeitgeber beim Abschluss des Arbeitsverhältnisses stillschweigend ausgehen kann. Dies sind z.B. das Geschlecht des Arbeitnehmers bei der Einstellung als Gefängniswärter. Es sind jedoch andererseits auch solche Eigenschaften, zu deren Offenlegung der Arbeitnehmer aus Treu und Glauben schon bei Vertragsanbahnung verpflichtet ist (s. Lektion 4), sie jedoch nicht angegeben hat (etwa Rheuma in den Händen bei einer Sekretärin oder Tierhaarallergie bei einer Tierarzthelferin).

Stellt sich nun heraus, dass sich der Arbeitgeber über eine solche Eigenschaft geirrt hat, so kann er den Arbeitsvertrag gem. § 119 BGB anfechten. Damit wird der Vertrag, wie bei der Anfechtung wegen arglistiger Täuschung, mit Wirkung für die Zukunft (ex nunc) beendet.

Die Anfechtung muss gem. § 121 BGB unverzüglich erfolgen. Vom BAG (AP 4 zu § 119 BGB) wurde entschieden, dass eine Anfechtung gem. § 119 BGB nur dann unverzüglich ist, wenn sie innerhalb der Zweiwochenfrist des § 626 II BGB erfolgt.

Zum Schluss der Anfechtungsproblematik noch der Hinweis, dass auch der Arbeitnehmer unter den genannten Bedingungen (mit umgekehrten Vorzeichen) anfechten und sich vom Arbeitsvertrag lösen kann. Doch dies sind äußerst seltene Fälle.

> ## Leitsatz 10
> **Anfechtung wegen Irrtums**
>
> Irrt sich der Arbeitgeber beim Abschluss des Arbeitsvertrags über eine **verkehrswesentliche Eigenschaft** des Arbeitnehmers, so kann er gem. § 119 BGB anfechten. Wesentliche Eigenschaften sind insbesondere jene Eigenschaften, zu deren Angabe der Arbeitnehmer bei Vertragsschluss aus Treu und Glauben verpflichtet war (leistungshindernde Krankheiten etc.). Die Anfechtung führt zur Aufhebung des Arbeitsvertrags mit Wirkung für die Zukunft. Sie muss gem. § 121 BGB unverzüglich, in diesem Fall innerhalb der Zweiwochenfrist des § 626 II BGB, erfolgen.

Nichtigkeit

Fall 8
Der geisteskranke A entschließt sich, eigenes Geld zu verdienen. Der Leiter eines Supermarkts, der gerade Packer sucht, schließt mit ihm einen normalen Arbeitsvertrag. A beginnt sofort zu arbeiten. Sehen Sie ein Problem?

Wer nicht nur vorübergehend an Geisteskrankheit leidet, ist geschäftsunfähig mit der Folge, dass seine Willenserklärungen nichtig sind (§§ 104 f. BGB). Damit ist auch der komplette Arbeitsvertrag nichtig. Welche Folgen sehen Sie?

Die Problematik ist vergleichbar mit jener, die wir schon bei der Anfechtung kennen gelernt haben: Grundsätzlich kann aus einem nichtigen Arbeitsvertrag niemand Ansprüche herleiten. Es müsste also eine Rückabwicklung über die Regelungen der ungerechtfertigten Bereicherung (§§ 812 ff BGB) erfolgen. Dies wird der Sache jedoch nicht gerecht, da sich Arbeit bekanntlich schlecht rückabwickeln lässt. Die Lösung erfolgt hier über die Rechtsfigur des faktischen Arbeitsverhältnisses. Ein fehlerhaftes Arbeitsverhältnis, das bereits vollzogen wurde und von dessen Gültigkeit mindestens einer der Partner ausging, stellt ein faktisches Arbeitsverhältnis dar. Ein solches faktisches Arbeitsverhältnis wird wie ein reguläres Arbeitsverhältnis behandelt. Der Arbeitnehmer hat deshalb alle regulären Ansprüche, insbesondere auch Anspruch auf Lohn. Das faktische Arbeitsverhältnis besitzt jedoch keine Bindungswirkung für die Zukunft. Es kann daher von jeder Seite durch einfache Erklärung beendet werden.

Leitsatz 11

Nichtigkeit des Arbeitsverhältnisses

Die Nichtigkeit des bereits vollzogenen Arbeitsverhältnisses, an dessen Wirksamkeit mindestens ein Partner glaubte, führt zur Annahme eines **faktischen Arbeitsverhältnisses**. Es wird rückwirkend wie ein reguläres Arbeitsverhältnis behandelt, dabei bleiben insbesondere die Rechte des Arbeitnehmers (Lohn, Urlaub) erhalten. Die Beendigung ist jedoch jederzeit durch einseitige Erklärung möglich.

Kommen wir zurück zu Fall 8: Der Arbeitsvertrag zwischen A und dem Supermarkt ist also nichtig, da A als Geisteskranker nicht geschäftsfähig ist. Wie oben ausgeführt, ist in solchen Fällen ein faktisches Arbeitsverhältnis anzunehmen.

Im Beispielsfall 8 folgte die Nichtigkeit aufgrund der Geschäftsunfähigkeit bei Vertragsschluss (§ 105 BGB). Dies ist keinesfalls der einzig mögliche Nichtigkeitsgrund. Weitere Gründe sind etwa die Nichtigkeit gem.

§ 138 BGB wegen Sittenwidrigkeit (z.B. Schmuggel als Arbeitsaufgabe) oder gem. § 134 BGB wegen Verstoßes gegen gesetzliche Verbote (z.B. Kinderarbeit, § 5 JArbSchG).

Es ist nun auch möglich, dass die Nichtigkeit auf weniger krassen Tatsachen beruht, etwa auf einem Formfehler. Wenn in solchen Fällen das Arbeitsverhältnis über längere Zeit ungestört andauert, so verstößt das Berufen auf die Nichtigkeit gegen Treu und Glauben (§ 242 BGB). Es ist also unzulässig.

Übersicht 3: Grundlegende Mängel des Arbeitsvertrages

	Rechtsfolge	Frist	Anmerkung
Anfechtung wg. arglistiger Täuschung (§ 123 BGB)	Beendet das Arbeitsverhältnis mit Wirkung für die Zukunft (ex nunc)	Ein Jahr nach Entdeckung (§ 124 BGB)	Hauptfall: Falsche Beantwortung von Einstellungsfragebogen
Anfechtung wg. Drohung (§ 123 BGB)	Beendet das Arbeitsverhältnis mit Wirkung für die Zukunft (ex nunc)	Ein Jahr nach Entdeckung (§ 124 BGB)	Beschäftigt die Praxis nicht
Anfechtung wg. Irrtums (§ 119 BGB)	Beendet das Arbeitsverhältnis mit Wirkung für die Zukunft (ex nunc)	Unverzüglich, in diesem Fall innerhalb von zwei Wochen nach Entdeckung (§§ 121, 626 II BGB)	Irrtum über verkehrswesentliche Eigenschaften, von denen bei Vertragsabschluss stillschweigend ausgegangen werden konnte

➡

	Rechtsfolge	Frist	Anmerkung
Nichtigkeit	Annahme eines faktischen Arbeitsverhältnisses (Beendigung durch einseitige Erklärung, rückwirkend regulär zu behandeln)	Keine Frist	Nichtigkeit nach BGB (§§ 105, 134, 138 f. etc.)

Wird der Arbeitsvertrag über eine längere Zeit ungestört erfüllt, so kann die Anfechtung oder das Berufen auf die Nichtigkeit im Einzelfall treuwidrig (§ 242 BGB), mithin unzulässig sein.

Unwirksame Klauseln

Mängel in Arbeitsverträgen betreffen allerdings sehr häufig nicht den ganzen Arbeitsvertrag, sondern nur bestimmte Klauseln. Dies folgt insbesondere aus dem Recht der Allgemeinen Geschäftsbedingungen, welches in §§ 305 ff BGB geregelt ist.

▮▮▮ Fall 9

A unterschreibt in der Firma F einen acht Seiten langen vorgedruckten Arbeitsvertrag. Auf Seite 5 unten befindet sich unter § 23 die Formulierung: „Sollte es der Firma finanziell schlechter gehen, so ist die Firma berechtigt den Lohn um bis zu 15 % durch einseitige Erklärung zu reduzieren." Nach acht Monaten erhält der A einen Brief der F dahingehend, dass es der Firma nunmehr so schlecht gehe, dass es keinen Ausweg mehr gäbe, als den Lohn nach § 23 des Arbeitsvertrags um 10 % herunterzusetzen. Um wie viel darf die F den Lohn kürzen?

Jetzt ist es an der Zeit, die §§ 305–310 BGB mal in Ruhe durchzulesen. Es geht hier um die sog. Allgemeinen Geschäftsbedingungen, kurz AGB, welche – wie schon dargestellt – gem. § 310 IV BGB auf Arbeitsverträge Anwendung finden. Wer AGB-Verträge benutzt muss sehr viel beachten und fast alle Arbeitgeber benutzen vorgefertigte Arbeitsvertrags-Formulare, die per Hand oder PC ausgefüllt und dann ggf. geringfügig abgeändert werden.

Also ein kleiner Ausflug ins AGB-Recht: Klauseln, die gegen das AGB-Recht verstoßen, sind unwirksam. Sie stehen dann zwar im Vertrag, aber sie entfalten keine Wirkung. Es gelten dafür die gesetzlichen Vorschriften (§ 306 BGB).

Gründe für die Unwirksamkeit von Klauseln finden sich im AGB-Recht viele. So sind

- überraschende Klauseln gem. § 305c BGB,

- mehrdeutige Klauseln gem. § 305c BGB und

- unangemessen benachteiligende Klauseln gem. § 307 BGB

unwirksam. Zudem stehen ca. 24 weitere Gründe in den §§ 308 und 309 BGB. Dort findet sich eine Aufzählung von Klauselverboten dahingehend unterteilt, ob sie eine Wertungsmöglichkeit enthalten oder nicht. (Das empfohlene Lesen nicht vergessen!) Bei der Anwendung hier sind allerdings die im Arbeitsrecht geltenden Besonderheiten angemessen zu berücksichtigen (§ 310 IV BGB). Es wird also durch die Arbeitsrechtsbrille geschaut.

Zurück zu Fall 9: Sie haben sich das schon gedacht. So eine vorgedruckte Klausel kann nicht halten und richtig, die Lohnkürzungsklausel verstößt gegen das AGB-Recht der §§ 305c, 308 Nr. 4 BGB. Zum einen ist sie überraschend im Sinne des § 305c BGB. Eine solche Klausel erwartet niemand auf Seite 5 unter § 23 eines Vertags. Zum anderen verstößt sie gegen das Änderungsvorbehaltsverbot des § 308 Nr. 4 BGB. Eine vertragliche Lohnkürzungsmöglichkeit ist nicht zumutbar. Die F darf also auf diese Weise überhaupt nicht den Lohn kürzen.

Zur weiteren Information sei allerdings mitgeteilt, dass eine vertragliche Möglichkeit zur Kürzung von übertariflichen Zulagen, Gratifikationen etc. unter bestimmten Bedingungen entgegen § 308 Nr. 4 BGB als sog. arbeitsrechtliche Besonderheit gem. § 310 IV BGB durchaus legitim sein kann.

Leitsatz 12

AGB-Recht

Fast alle Arbeitsverträge fallen unter das AGB-Recht (§§ 305–310 BGB), da sie mittels **Arbeitsvertrags-Formularen** geschlossen wurden. Die enthaltenen Klauseln unterliegen daher der **AGB-Prüfung** dahingehend, ob sie unwirksam sind, etwa weil sie überraschen, mehrdeutig sind, unangemessen benachteiligen oder unter die ca. 24 Klauselverbote der §§ 308, 309 BGB fallen. Dabei sind allerdings gem. § 310 IV BGB die im Arbeitsrecht geltenden Besonderheiten angemessen zu berücksichtigen.

Lektion 6: Rechte und Pflichten im Arbeitsverhältnis

Wie in jedem gegenseitigen Vertrag stehen auch die Parteien des Arbeitsvertrags in einem Austauschverhältnis von Rechten und Pflichten. Dabei sind – wie überall – die Rechte des einen gleichzeitig die Pflichten des anderen.

Pflichten des Arbeitnehmers

Arbeitspflicht

Die grundlegende Regelung der Arbeitspflicht findet sich in § 611a BGB. Demnach ist der Arbeitnehmer zur Leistung der versprochenen Arbeit verpflichtet. Seine „Verpflichtung" hat er im Arbeitsvertrag abgegeben. Dieser regelt den Umfang und die Ausformung der Arbeitspflicht. Dabei steckt der Arbeitsvertrag nur den Rahmen ab, der durch die Umstände des Arbeitsverhältnisses und die Anweisungen des Arbeitgebers konkretisiert wird.

Der Arbeitsvertrag wiederum findet seine Grenzen in den Arbeitsschutzbestimmungen und den Regelungen der Tarifverträge und Betriebsvereinbarungen.

▰ Fall 10

A arbeitet seit kurzem als Verkäuferin in einem Damenmodegeschäft. Als sie über ein langes Wochenende nach Paris fährt, schickt sie am Montag ihre Schwester. Die Schwester soll an ihrer Stelle im Geschäft verkaufen. Die Schwester ist gleichermaßen geeignet für die Stelle. Die Leitung des Modegeschäfts ist jedoch damit gar nicht einverstanden und verweigert der Schwester die Arbeitsaufnahme. Rechtslage?

Die Lösung dürfte Ihnen nicht schwer fallen. Kennen gelernt haben wir gerade § 611a BGB. Lesen Sie die weiteren Bestimmungen! Die Lösung steht in § 613 BGB. Die Dienste sind im Zweifel in Person zu leisten. Die Schwestern dürfen sich also den Job nicht einfach teilen. Dies gilt auch für den sehr beliebten Schichttausch, also wenn zwei Arbeiter die Schichten wechseln (z.B. Früh- gegen Spätschicht, Wochenenddiensttausch).

Dies ist im Zweifel verboten. Der Ausdruck „im Zweifel" bedeutet, dass die Parteien des Arbeitsvertrags etwas anderes festlegen können. Der Arbeitgeber kann etwa dem Schichtwechsel zustimmen.

Diese Pflicht zur höchstpersönlichen Arbeitsleistung hat auch eine positive Seite für den Arbeitnehmer: Wenn er verhindert ist, etwa durch Krankheit oder durch eine gerichtliche Ladung, so ist er nicht verpflichtet, Ersatz zu stellen.

Fall 11

B ist seit Jahren als Buchhalter in einer Staubsaugerfabrik angestellt. Inzwischen ist er kaum beschäftigt, da ihm die Computertechnik einen großen Teil der Arbeit abnimmt. Die Werksleitung will ihn deshalb halbtags am Montageband beschäftigen. Kann der Buchhalter sich weigern?

Strittig ist hier die Art der Arbeitsleistung, die der Buchhalter erbringen muss. Entscheidend ist in solchen Fällen die Frage, welche Arbeitsleistung mit dem Arbeitnehmer vereinbart wurde. Aus dem Arbeitsvertrag ergibt sich, dass B als Buchhalter eingestellt ist – mehr nicht. Dies muss also ausgelegt werden. Da die Auslegungsregel auf alle Arten von Arbeitsplätzen passen muss, ist sie sehr allgemein: Der Arbeitsvertrag ist nach Treu und Glauben, nach der Verkehrssitte und nach der Betriebsübung auszulegen.

Treu und Glauben und die Verkehrssitte zwingen den B nicht an das Montageband. Derartige körperliche Arbeiten sind ihm nach Treu und Glauben nicht zuzumuten. Es besteht auch keine Verkehrssitte, wonach Buchhalter am Montageband arbeiten müssen. Zu prüfen wäre noch, ob in der Staubsaugerfabrik eine Betriebsübung existiert, wonach die Buchhalter alle seit jeher auch am Montageband arbeiteten. So etwas besteht nicht, jedenfalls steht davon nichts im Sachverhalt. Der Buchhalter ist daher nicht gezwungen, am Band zu arbeiten.

Anders ist dies jedoch in Notfällen. Bei Ausnahmesituationen ist die Arbeitspflicht sehr weit auszulegen. So muss der Buchhalter sehr wohl nach einem Wasserrohrbruch Rettungsmaßnahmen ergreifen. Er muss ggf. den Haupthahn zudrehen, den Inhalt des Lagers, Werkzeuge oder Unterlagen vor der Zerstörung retten und mit geeigneten Maßnahmen weiteren Wasserschaden verhindern.

Im Fall 11 war die Art der Arbeitsleistung strittig. Oft gibt es auch Streit über Ort und Zeit der Arbeitsleistung. Etwa wenn der Arbeitnehmer in einem anderen Betriebsteil oder zu anderen Arbeitszeiten arbeiten soll. Auch diese Probleme sind in gleicher Weise, wie die Festlegung der Art der Arbeitsleistung, durch Auslegung des Arbeitsvertrags zu lösen. So ist z.B. eine Sekretärin regelmäßig nicht zur Nachtarbeit verpflichtet.

Leitsatz 13

Arbeitspflicht (gem. § 611a BGB)

Die Arbeitspflicht ergibt sich aus dem **Arbeitsvertrag** (§ 611a BGB). Arbeit ist gem. § 613 BGB höchstpersönlich abzuleisten. Art, Zeit und Ort der Arbeitspflicht richten sich nach den Vereinbarungen des Arbeitsvertrags. Sie finden ihre Grenzen in den Arbeitsschutzbestimmungen, den Tarifverträgen und den Betriebsvereinbarungen. Der Arbeitsvertrag sagt in der Regel wenig aus, da konkrete Einzelfälle nicht aufgenommen sind. Er ist dann auszulegen. Die **Auslegung** des Arbeitsvertrags richtet sich nach Treu und Glauben, nach der Verkehrssitte und nach der Betriebsübung.

Treuepflicht

Über die Arbeitspflicht hinaus unterliegt der Arbeitnehmer der Treuepflicht. Sie stellt dem Arbeitnehmer die Aufgabe, die wirtschaftlichen Ziele seines Arbeitgebers zu unterstützen. Er muss sich also für die Interessen seines Arbeitgebers, insbesondere seines Betriebs einsetzen. Die Treuepflicht steigt mit der Verantwortung der Leistungsfunktion. Je höher gestellt der Arbeitnehmer ist (leitender Angestellter) und je länger das Arbeitsverhältnis besteht, desto höher ist die Anforderung. Die Treuepflicht hat zwei Komponenten, die Unterlassungspflichten und die Verhaltenspflichten.

An erster Stelle bei den Unterlassungspflichten steht die Verschwiegenheitspflicht. Der Arbeitnehmer muss die Betriebs und Geschäftsgeheimnisse hüten. Er darf also mit Dritten weder über Vorgänge, die die Konkurrenz seines Arbeitgebers interessieren, noch über negative Entwicklungen, die geeignet sind, den Ruf des Arbeitgebers zu schädigen, sprechen. Ihm ist es weiterhin verboten, Schmiergelder zu nehmen. Auch darf er keinen direkten Wettbewerb gegen den Arbeitgeber treiben.

Zum Teil ergeben sich die Unterlassungspflichten schon aus dem Gesetz. Hier sind die §§ 60, 61 HGB zu nennen, sie regeln das Konkurrenzverbot für kaufmännische Angestellte, § 299 StGB (Schmiergeldverbot) und auch § 17 UWG, der die Verschwiegenheitspflicht festlegt.

Unter Verhaltenspflichten versteht man insbesondere Mitteilungs- und Anzeigepflichten. Der Arbeitnehmer muss daher Unregelmäßigkeiten im Betriebsablauf, insbesondere drohende Schädigungen, wie defekte Maschinen oder Betrügereien, melden. Für Arbeitnehmer, die mit Kunden in Kontakt kommen, besteht zudem eine Repräsentationspflicht. Sie sind verpflichtet, ihre Umgangsformen und Kleidung entsprechend zu halten. Ein Bankangestellter wird also Schwierigkeiten bekommen, wenn er in Lederjacke und Jeans oder mit schmutzigen Fingernägeln zur Bank kommt.

Leitsatz 14

Treuepflicht

Der Arbeitnehmer ist seinem Arbeitgeber zur Treue verpflichtet. Er hat alles zu unterlassen, was die Interessen des Arbeitgebers beeinträchtigt. Insbesondere ist er zur **Verschwiegenheit verpflichtet**, darf **kein Schmiergeld** nehmen und **keinen** direkten **Wettbewerb** zum Arbeitgeber treiben. Zudem ist er verpflichtet, Unregelmäßigkeiten im Betriebsablauf, insbesondere drohende Schädigungen, wie defekte Maschinen oder Betrügereien, zu **melden**.

Haftung des Arbeitnehmers

Die Arbeitnehmerhaftung betrifft jene Fälle, in denen der Arbeitnehmer seinen Arbeitgeber bei der Ausübung betrieblicher Tätigkeit schuldhaft schädigt, wenn also der Arbeitnehmer fahrlässig oder vorsätzlich etwas kaputtmacht, zerstört oder auf andere Weise Schaden anrichtet. Die Haftung des Arbeitnehmers wird nicht den direkten Arbeitsvertragspflichten zugeordnet. Sie begründet sich vielmehr aus der allgemeinen Vertragspflicht gem. §§ 280 I, 241 II BGB, seinen Vertragspartner bei der Erfüllung seines Vertrags nicht zu schädigen.

Fall 12
Eine Schreibkraft trinkt im zentralen Kopierraum Kaffee. Sie wird von hinten angesprochen, wodurch sie erschrickt und ihre Kaffeetasse um-

stößt. Der Kaffee läuft in das Gehäuse eines Kopierers und zerstört die Elektronik.

Fall 13

Der Fahrer F eines Lastkraftwagens mit einem hohen Spezialaufbau übersieht das Verkehrszeichen mit der Angabe der Durchfahrtshöhe vor einer Brücke. Er fährt daher mit dem LKW gegen die zu niedrige Brücke, wodurch ein Schaden an dem Spezialaufbau in Höhe von 25.000 € entsteht. Der Arbeitgeber verlangt den Ersatz des Gesamtschadens von F. Eine Kaskoversicherung für den LKW bestand nicht.

Grundsätzlich müsste der Arbeitnehmer, wie jeder andere, für den Schaden, den er seinem Vertragspartner bei Erfüllung des Vertrags schuldhaft zufügt, gem. § 280 I BGB in vollem Umfang haften. Ein solcher Schadensanspruch könnte sich zudem aus unerlaubter Handlung gem. §§ 823 ff BGB (s. BGB – *leicht gemacht*®) ergeben.

Ein Arbeitsvertrag ist aber kein Kaufvertrag!

Zum einen gilt die Beweislastumkehr nach § 619a BGB. Das Verschulden wird nicht nach § 280 I S. 2 BGB vermutet, sondern der Arbeitgeber muss es nachweisen.

Zum anderen haftet der Arbeitnehmer nicht nach dem „Alles-oder-Nichts-Prinzip" des § 249 BGB für den gesamten Schaden, sondern er genießt ein Haftungsprivileg. Er haftet nach der Rechtsprechung des großen Senats des BAG nur nach den Abwägungen des Einzelfalls (§ 254 analog, BAG GS, NJW 1995, 210).

Das BAG-System der Haftungsbefreiung des Arbeitnehmers basiert auf einer Unterteilung des Grads des Verschuldens. Es werden drei Kategorien gebildet:

Ist das Verschulden als leichte Fahrlässigkeit einzustufen, so haftet der Arbeitnehmer gar nicht.

Bei mittlerer Fahrlässigkeit des Arbeitnehmers müssen sich Arbeitnehmer und Arbeitgeber den Schaden teilen. Der Anteil des Arbeitnehmers richtet sich dabei nach den Umständen des Einzelfalls, insbesondere nach dem Ausmaß des Verschuldens sowie nach dem Grad der Gefährlichkeit der verrichteten Tätigkeit. Hier ist bei der Einzelfallprüfung eine umfassende Würdigung notwendig. Zu berücksichtigen ist dabei auch, ob die Arbeit vom Arbeitgeber ordnungsgemäß überwacht und hinreichend organisiert wurde oder ob der Arbeitnehmer erkennbar überfordert wurde.

Liegt jedoch grobe Fahrlässigkeit oder sogar Vorsatz für Tat und Schaden vor, so wird der Arbeitnehmer nicht entlastet und haftet in der Regel für den vollen Schaden. Grobe Fahrlässigkeit liegt etwa in folgenden Fällen vor: Alkoholgenuss über der Promillegrenze, Verschweigen fehlender Fahrpraxis, Geschwindigkeitsüberschreitung, Übermüdung.

Die volle Haftung bei grober Fahrlässigkeit wird jedoch wieder eingeschränkt für jene Fälle, in denen Verdienst und Schadensrisiko in einem deutlichen Missverhältnis stehen. Dies betrifft etwa jene Fälle, in denen ein Kfz nicht kaskoversichert ist. Hier trägt der Arbeitnehmer nur den normalen Satz der Selbstbeteiligung. Gleiches gilt etwa beim Fehlen einer Betriebshaftpflichtversicherung. Auch hier muss der Arbeitgeber jenen Schadensanteil, der durch Unterlassung einer angemessenen Versicherung eingetreten ist, selbst tragen.

Hinzuweisen ist allerdings darauf, dass die für den Arbeitnehmer so angenehmen Haftungsbeschränkungen nicht gegenüber Dritten gelten. Sollte der Arbeitnehmer etwa ein Leasingfahrzeug zerstören oder einen unter Eigentumsvorbehalt stehenden Computer beschädigen, so haftet er dem Leasinggeber oder dem Computerverkäufer uneingeschränkt. Allerdings hat er gegenüber seinem Arbeitgeber einen entsprechenden Freistellungsanspruch gem. § 670 BGB analog, welcher jedoch etwa bei der Insolvenz von diesem ins Leere gehen kann.

Kommen wir nun zurück zu den eingangs aufgezeigten Fällen. Welcher Stufe der Fahrlässigkeit ist das Verhalten der Schreibkraft aus dem Fall 12 zuzuordnen? Mit einer Kaffeetasse in der Nähe von teuren elektrischen Geräten zu hantieren, zudem noch in einem gesonderten Kopierraum, ist mehr als leichte Fahrlässigkeit. Die Gefahr für die Kopierer liegt auf der Hand. Andererseits fehlt es beim Kaffeetrinken im Kopierraum an der für die grobe Fahrlässigkeit notwendigen Intensität der Verletzung der im Verkehr erforderlichen Sorgfalt. Es handelt sich also um mittlere Fahrlässigkeit. Da uns weitere Einzelheiten nicht bekannt sind, ist in Bezug auf die Schadensquotelung von einer hälftigen Teilung auszugehen. Daher trägt die Schreibkraft 50% des Schadens am defekten Kopierer.

In Fall 13 liegt die Sachlage jedoch anders. Wenn ein LKW-Fahrer das Verkehrszeichen zur zulässigen Durchfahrtshöhe einer Brücke übersieht, dann liegt grobe Fahrlässigkeit vor. Dem F war bewusst, dass er einen überhohen LKW fuhr und er musste bei der zu fordernden Sorgfalt und Aufmerksamkeit sowohl die Brücke, als auch das Höhenschild gesehen haben. Gegebenenfalls hätte er anhalten, zum Schild gehen und nachsehen müssen. Bei grober Fahrlässigkeit trägt der Arbeitnehmer den gesamten Schaden, ja, wenn nicht die Ausnahme greift. Erinnern wir uns. Bei einem deutlichen Missverhältnis von Verdienst und Schadensrisiko trägt der Arbeitnehmer nur einen Teil. In diesem Fall ist der F daher so zu stellen, als ob der LKW kaskoversichert worden wäre. Er muss also von dem Gesamtschaden von 25.000 € nur eine fiktive Selbstbeteiligung von vielleicht 1.500 € zahlen.

Man könnte im Fall 13 allerdings auch weiter denken. Wurde die Brücke zerstört, so hätte F ggf. die über Jahre gehende Erhöhung der Haftpflichtprämien durch die Höherstufung des LKW zu zahlen. Schlimmer wäre es für F noch, wenn es sich bei dem LKW um ein Leasingfahrzeug handeln würde und sein Arbeitgeber über den Schaden in Insolvenz gegangen wäre. In diesem Fall würde – wie oben dargelegt – gegenüber dem Leasinggeber keine Haftungsbeschränkung gelten.

Leitsatz 15

Haftung des Arbeitnehmers

Der Arbeitnehmer haftet für **Schäden**, die er dem **Arbeitgeber** in Ausübung betrieblicher Tätigkeit zufügt. Anspruchsgrundlage sind §§ 280 I BGB bzw. bei unerlaubter Handlung §§ 823 ff BGB. Bei **leichter Fahrlässigkeit** haftet der Arbeitnehmer gem. BAG (§ 254 BGB analog) gar nicht, bei **mittlerer** teilt er sich den Schaden mit dem Arbeitgeber (Quote je nach Ausmaß des Verschuldens sowie Grad der Gefährlichkeit der Tätigkeit) und bei **grober Fahrlässigkeit** bzw. bei **Vorsatz** für Tat und Schaden haftet er voll. Die volle Haftung bei grober Fahrlässigkeit ist jedoch wiederum eingeschränkt, wenn Verdienst und Schadensrisiko in einem deutlichen Missverhältnis stehen (z.B.: Kfz nicht kaskoversichert).

Zur besseren Verständlichkeit der Differenzierung bei der Arbeitnehmerhaftung nun die Übersicht 4.

Übersicht 4: Haftung des Arbeitnehmers

leichte Fahrlässigkeit	→ keine Haftung
mittlere Fahrlässigkeit	→ Haftungsteilung, Quote nach Einzelfall
grobe Fahrlässigkeit	→ uneingeschränkte Haftung
grobe Fahrlässigkeit und ein deutliches Missverhältnis von Verdienst und Schadensrisiko	→ Haftung bezogen auf ein normales Schadensrisiko
Vorsatz (für Tat und Schaden)	→ uneingeschränkte Haftung

Anspruchsgrundlagen: § 280 I BGB bzw. bei unerlaubter Handlung §§ 823 ff BGB, für die Haftungseinschränkung § 254 BGB analog

Pflichten des Arbeitgebers

Lohnzahlungspflicht (Entgeltzahlungspflicht)

Die Hauptpflicht des Arbeitgebers ist die Gewährung der vereinbarten Vergütung (§ 611a II BGB). Bei Arbeitern wird die Vergütung Lohn genannt, bei Angestellten heißt sie Gehalt und in Gesetzen z.T. beides umfassend Entgelt. Die Höhe basiert in den meisten Fällen nicht auf einer besonderen Vereinbarung im Arbeitsvertrag, sondern auf den Tarifbestimmungen, die auf den Vertrag einwirken, oder auf dem Mindestlohngesetz.

Bei der Auszahlung muss der Arbeitgeber den auf den Arbeitnehmer entfallenden Sozialversicherungsbeitrag (Rentenversicherung, Krankenversicherung u.a.) sowie eine vorab überschlagsmäßig berechnete Lohnsteuer einbehalten und an die entsprechenden Stellen abführen. Zu viel einbehaltene Lohnsteuer erhält der Arbeitnehmer nach Stellung eines Antrags auf Lohnsteuerjahresausgleich vom zuständigen Finanzamt zurück. Im Krankheitsfall ist der Arbeitgeber für eine Zeit von sechs Wochen zur Lohnfortzahlung verpflichtet (§ 3 EntgeltfortzG). Danach zahlt in der Regel die Krankenkasse.

Beim Lohn wird unterschieden zwischen **Zeit- und Leistungslohn**. Zeitlohn ist etwa der Stunden- oder Monatslohn, Leistungslohn umfasst alle Akkord- und Prämiensysteme. An vielen Arbeitsplätzen kommen beide Lohnarten gemeinsam vor, so etwa beim Verkäufer, der einen festen Grundlohn und Verkaufsprovision für jedes verkaufte Stück erhält.

Die Lohnzahlung wird als Lebensgrundlage des Arbeitnehmers vom Rechtssystem besonders geschützt. So ist die Pfändung nur eingeschränkt möglich, und im Fall der Insolvenz des Arbeitgebers werden die Lohnansprüche vorrangig behandelt.

Eine spezielle Stellung nehmen die sog. **Gratifikationen** ein.

Dazu der folgende

Fall 14
A hat als Weihnachtsgeld ein sog. 13. Monatsgehalt bekommen. In seinem Arbeitsvertrag heißt es, dass das Weihnachtsgeld zurückzuzahlen ist, wenn der Arbeitnehmer vor dem 30.6. des Folgejahres aus dem Arbeitsverhältnis ausscheidet. A kündigt zum 31.5. Muss er das Weihnachtsgeld zurückzahlen?

Gratifikationen sind Sonderzuwendungen, die der Arbeitgeber aufgrund bestimmter Anlässe zahlt. Sie werden neben der Arbeitsvergütung gewährt. Bekannte Gratifikationen sind das Weihnachtsgeld, Jahresabschlussprämien oder Zahlungen aufgrund von Geschäfts- und Dienstjubiläen. Sie sind keine Schenkungen, sondern Teil des Lohns.

Regelmäßig werden **Rückzahlungsverpflichtungen** in die Arbeitsverträge aufgenommen für den Fall, dass der Arbeitnehmer nur noch kurze Zeit im Arbeitsverhältnis steht. Sie werden mit der Anreizfunktion der Gratifikationen begründet. Rückzahlungsverpflichtungen sind in vielen Gerichtsentscheidungen für zulässig gehalten worden, wenn die Gratifikation einen Betrag von 100 € überschreitet.

Zurück zum **Fall 14**: Es scheint also, als ob A verpflichtet wäre, das Weihnachtsgeld zurückzuzahlen. Dem ist jedoch nicht so! Die Rückzahlungsverpflichtung unterliegt nach der Rechtsprechung zeitlichen Höchstgrenzen. Die Zahlung eines Monatsgehalts berechtigt nur zur Bindung bis zum 31.3. des Folgejahres. Erst höhere Weihnachtsgeldzahlungen berechtigen zur längeren Bindung, die sich jedoch höchstens bis zum 30.6. hinziehen darf. A kann also sein Weihnachtsgeld behalten, da die vereinbarte Rückzahlungsverpflichtung nur bis zum 31.3. wirksam ist und er erst zum 31.5. gekündigt hat.

Fürsorgepflicht

Der Arbeitgeber ist zur fürsorgevollen Behandlung seiner Arbeitnehmer verpflichtet. Die Nebenpflichten aus dem Arbeitsvertrag gem. § 241 II BGB verpflichten ihn, denn die Arbeitnehmer bringen ihr Leben, ihre Gesundheit und ihr Eigentum in seinen Bereich ein. Zum Schutz von Leben und Gesundheit des Arbeitnehmers ist der Arbeitgeber insbesondere verpflichtet, Räume, Vorrichtungen und Gerätschaften so einzurichten und zu unterhalten, dass der Arbeitnehmer gegen Gefahren geschützt ist (§§ 618 BGB, 62 HGB). Darüber hinaus sind von ihm u.a. die Regelungen des Arbeitsschutzgesetzes (ArbSchG) mit seinen vielen nachgestellten Verordnungen (z.B. die ArbStättVO) zu beachten. Er hat also auch dafür zu sorgen, dass die Sicherheitsvorkehrungen, z.B. das Tragen von Helmen, eingehalten werden.

Antidiskriminierungssorge

Fall 15
In einem mittlerem Betrieb ist dem atheistischen Abteilungsleiter A bekannt geworden, dass eine seiner direkten Mitarbeiterinnen, die K, stark gläubige Katholikin ist. Seitdem fallen dem A regelmäßig Papstwitze und seltsame Vergleiche zu Glaubensdingen, wie die unbefleckte Empfängnis, ein, welche er in Gegenwart der K zum besten gibt. Er unterlässt dies selbst dann nicht, wenn einer der Betriebseigentümer dabei ist. Was kann K tun?

Der Arbeitgeber ist durch das Allgemeine Gleichbehandlungsgesetz (AGG) nicht nur bei der Vertrags-Anbahnung, sondern natürlich auch in jedem bestehenden Arbeitsverhältnis verpflichtet, den Arbeitnehmer nicht zu diskriminieren und ihn vor Diskriminierung zu schützen. Ein Arbeitgeber muss gem. § 1, 6 ff AGG dafür Sorge tragen, dass keiner seiner Beschäftigten aus Gründen der Rasse, der ethnischen Herkunft, der Religion, der Weltanschauung, einer Behinderung, des Alters oder der sexuellen Identität benachteiligt wird.

Auf den ersten Blick kann die K also nichts tun, da sie nicht weniger Geld bekommt oder ähnliche Nachteile erleidet. Aber halt, der Begriff der Benachteiligung ist weit gefasst. Die Beriffsbestimmungen des AGG finden sich in § 3. Dort unter III wird die Belästigung als Benachteiligung konkretisiert. Die Belästigung verletzt die Würde der betreffenden Person.

Die K aus Fall 15 kann sich also gegenüber dem Arbeitgeber auf den Schutz des AGG berufen. Dabei sind die Rechte der K aus §§ 13 – 15 AGG weitreichend. Ihr steht das Beschwerderecht gem. § 13 zu. Hierzu muss der Arbeitgeber gem. § 12 AGG eine entsprechende Stelle einrichten. Beschwerde gut – was nützt das – werden Sie sagen. Das stimmt, aber das AGG hat auch schwerere Geschütze: Das Leistungsverweigerungsrecht gem. § 14 AGG. Bei entsprechender Intensität der Belästigung und keiner wirklichen Hilfe durch den Arbeitgeber dürfte die K bei vollem Gehalt zu Hause bleiben. Wenn die K alles länger erduldet hätte, hätte sie, insbesondere, da ein Eigner von der Belästigung wusste und nichts unternommen hat, gem. § 15 ein Recht auf Schadensersatz (etwa wenn es doch zur Nichtbeförderung gekommen wäre) und auf Entschädigung wg. des erlittenen Leids.

Pflicht zur Urlaubsgewährung

Der Arbeitgeber ist weiterhin gem. § 1 Bundesurlaubsgesetz (BUrlG) verpflichtet, seinen Arbeitnehmern einen bezahlten Erholungsurlaub zu gewähren. Der Urlaub muss insgesamt mindestens 24 Werktage pro Jahr umfassen (§ 3 BUrlG). Die zum Teil anzutreffende Annahme, eine Halbtagsstelle berechtige auch nur zum halben Urlaub, trifft also keinesfalls zu.

In aller Regel besteht der Urlaubsanspruch allerdings nicht nur auf die 24 Werktage des § 3 BUrlG. In Arbeits- und Tarifverträgen wird oft ein längerer Anspruch festgeschrieben. Der Anspruch auf Erholungsurlaub entsteht erstmals, nachdem das Arbeitsverhältnis einen Bestand von sechs Monaten aufweist (§ 4 BUrlG). Er darf jedoch nur in Absprache mit dem Arbeitgeber genommen werden. Ein Selbstbeurlaubungsrecht besteht also nicht.

Fall 16

Die Sekretärin A fährt für drei Wochen in den Osterurlaub nach Korfu. Ihr stehen insgesamt sechs Wochen Jahresurlaub zu. Auf Korfu wird sie für eine Woche krank, was ihr ein griechischer Arzt bestätigt. Wie viel Wochen Urlaub hat sie noch für den Sommer? Suchen Sie im Bundesurlaubsgesetz! Die Lösung steht in § 9 BUrlG. Erkrankt ein Arbeitnehmer im Urlaub, so werden die Tage nicht auf den Urlaub angerechnet. A kann also noch vier Wochen Sommerurlaub machen.

Zeugniserteilungspflicht

Bei Beendigung des Arbeitsverhältnisses ist der Arbeitgeber gem. § 109 GewO verpflichtet, dem Arbeitnehmer ein schriftliches Zeugnis auszustellen. Das Zeugnis soll dem Arbeitnehmer als Unterlage für Bewerbungen dienen. Es hat Art und Dauer der Tätigkeit zu enthalten. Auf Wunsch des Arbeitnehmers ist ein qualifiziertes Zeugnis auszustellen, welches zusätzlich Angaben über Leistung und Führung enthält. Das Zeugnis ist wahrheitsgemäß, aber wohlwollend auszustellen. Ein zu gut ausgestelltes und damit falsches Zeugnis kann allerdings zu Schadensersatzansprüchen gegen den Aussteller führen. Dies ist der Fall, wenn ein Dritter im Vertrauen auf dieses Zeugnis den Arbeitnehmer einstellt und dieser aufgrund fehlender Qualifikation Schaden anrichtet.

Leitsatz 16

Pflichten des Arbeitgebers

Der Arbeitgeber ist in erster Linie verpflichtet, den vereinbarten **Lohn** zu gewähren (§ 611 BGB).

Daneben trifft ihn eine **Fürsorgepflicht**. Sie verlangt von ihm, für Leben und Gesundheit des Arbeitnehmers Sorge zu tragen. Auch darf der Arbeitnehmer nicht diskriminiert werden und der Arbeitgeber muss Diskriminierungen vom Arbeitnehmer fernhalten (AGG).

Zudem unterliegt der Arbeitgeber der Pflicht zur Gewährung eines bezahlten **Urlaubs** (§ 3 BUrlG) und zur Ausstellung eines **Zeugnisses** bei Beendigung des Arbeitsverhältnisses (§ 109 GewO).

Lektion 7: Ordentliche Kündigung

Die Beendigung des Arbeitsverhältnisses erfolgt in den meisten Fällen durch eine Kündigung des Arbeitgebers oder des Arbeitnehmers.

Bei den Kündigungen werden die ordentliche Kündigung gem. §§ 620 II, 622 BGB und die außerordentliche, auch fristlose Kündigung gem. § 626 BGB unterschieden.

Daneben kann es auch noch durch andere Beendigungsarten, etwa durch Fristablauf bei einem befristeten Arbeitsverhältnis oder den Tod des Arbeitnehmers, zum Ende des Arbeitsverhältnisses kommen. Diese Lektion beschäftigt sich mit der ordentlichen Kündigung. In den nächsten Lektionen werden die außerordentliche Kündigung und die bedeutsamen weiteren Beendigungsgründe behandelt.

Vorweg noch ein Absatz über die Rechtsform von Kündigungen: Jede Kündigung ist eine einseitige empfangsbedürftige rechtsgestaltende Willenserklärung. Einseitig bedeutet, dass sie ohne Zustimmung des Empfängers wirksam wird. Empfangsbedürftig drückt aus, dass die Kündigung zur Wirksamkeit zugehen muss. Rechtsgestaltend heißt, dass es durch sie allein zur Beendigung kommt.

Eine Kündigung hat gem. § 623 BGB schriftlich zu erfolgen. Ein lautes Fluchen „Jetzt reicht's – ich mache nicht mehr weiter" stellt daher noch keine wirksame Kündigung dar. Aber auch einfache Schriftformen wie Fax, E-Mail oder SMS reichen nicht. Die Schriftlichkeit richtet sich nach § 126 I BGB wo ausdrücklich „eigenhändig durch Namensunterschrift" festgeschrieben steht. Übergibt der Arbeitgeber nur eine Kopie des Kündigungsschreibens, so auch dies gem. § 125 BGB nichtig.

Leitsatz 17

Schriftlichkeit der Kündigung

Eine Kündigung muss schriftlich, also mit **Originalunterschrift**, erfolgen. Sprache, Fotokopie, Fax, E-Mail, SMS etc. führen zur Nichtigkeit (§§ 623, 126 I, 125 BGB).

Fall 17

S, 32 Jahre, arbeitet seit 2 ½ Jahren in einem Steuerberatungsbüro als Steuerfachgehilfin. Außer ihr arbeiten dort drei angestellte Steuerberater, eine Kanzleileiterin, vier ältere lang beschäftigte Steuerfachgehilfinnen, eine jüngere gerade eingestellte Steuerfachgehilfin, drei Auszubildende und eine Raumpflegerin. Die Raumpflegerin arbeitet nur zwölf Stunden in der Woche. Am 30.9. wird S zum 31.10. mit der Begründung gekündigt, die Zahl der Mandanten gehe zurück und es könnten nur noch fünf Steuerfachgehilfinnen beschäftigt werden. Ein Betriebsrat besteht nicht. Hat eine Kündigungsschutzklage Erfolg?

Verschaffen Sie sich zuerst einen Überblick über die infrage kommenden Gesetze! Die erste Frage bei der rechtlichen Überprüfung einer Kündigung ist die, ob der Betriebsrat entsprechend § 102 BetrVG ordnungsgemäß angehört wurde. Dieser Prüfungspunkt erübrigt sich, wenn, wie in diesem Fall, kein Betriebsrat existiert. (Die Betriebsratsanhörung wird an späterer Stelle dieser Lektion erörtert.)

Die ordentliche Kündigung ist mit einer Kündigungsfrist auszusprechen. Hat der Steuerberater die entsprechende Frist eingehalten?

§ 622 BGB regelt umfassend die Fristen für Kündigungen. Gemäß § 622 I BGB beträgt die Grundkündigungsfrist vier Wochen zum 15. eines Monats oder zum Monatsende. Bei mehrjähriger Betriebszugehörigkeit *seit dem 25. Lebensjahr* (s.u.) erhöht sich die Kündigungsfrist für den Arbeitgeber kontinuierlich bis auf längstens sieben Monate zum Monatsende (§ 622 II BGB). So weit hört sich das sehr einfach an – aber Vorsicht –, es gibt so viele Ausnahmen, dass diese Regelungen in der Praxis kaum gelten. Bei einer vereinbarten Probezeit, welche bis zu sechs Monaten betragen darf, verringert sich die Kündigungsfrist auf zwei Wochen (§ 622 III BGB). Bei vorübergehenden Aushilfskräften (bis drei Monate) kann im Arbeitsvertrag jede kürzere Frist vereinbart werden, also auch von heute auf morgen (§ 622 V Nr. 1 BGB). Arbeitgeber, die weniger als 20 Arbeitnehmer beschäftigen, können mit ihren Arbeitnehmern bei der 4-Wochen-Grundkündigungsfrist arbeitsvertraglich das feste Fristende (15. oder letzten) aufheben (§ 622 V Nr. 2 BGB).

Weiter verkompliziert wird die Lage durch die geltenden Tarifverträge. Für Tarifverträge enthält das Gesetz eine Öffnungsklausel, nach der diese in der Regelung ihrer Kündigungsfristen ungebunden sind (§ 622 IV

BGB). Hiervon wird in der Praxis häufig Gebrauch gemacht. Konkretes zur Anwendung von Tarifverträgen findet sich in Lektion 11.

Es kommt aber noch schlimmer. Zulässig ist es auch, dass nicht tarifgebundene Arbeitgeber und Arbeitnehmer die Kündigungsfristen des jeweiligen Tarifvertrags vereinbaren (§ 622 IV BGB).

Und jetzt kommt auch noch der Gerichtshof der Europäischen Union (EuGH) dazu. Dieser hat am 19.01.2010 zur Frage „seit dem 25. Lebensjahr" entschieden und festgestellt, dass dies eine Diskriminierung der Jugend sei. Seitdem wird vor der Arbeitsgerichtsbarkeit diese Einschränkung nicht mehr vorgenommen. Es werden also auch die Jahre vor dem 25. Lebensjahr mitgezählt.

In Fall 17 wurde mit einer Frist von einem Monat zum Ende des Monats gekündigt. Dies entspricht der gesetzlichen Kündigungsfrist bei einer Betriebszugehörigkeit von mehr als zwei Jahren (§ 622 II BGB). Gesonderte Vertragsvereinbarungen oder ein Tarifvertrag sind in der Aufgabe nicht benannt. Die Kanzlei hat also fristgerecht gekündigt.

> ## Leitsatz 18
> ### Kündigungsfristen
>
> Die **Grundkündigungsfrist** beträgt vier Wochen zum 15. oder zum Ende eines Monats (§ 622 I BGB). Diese **verlängert** sich für den Arbeitgeber bei mehrjähriger Beschäftigung *seit dem 25. Lebensjahr* (unwirksam wg. EuGH) auf bis zu sieben Monate (§ 622 II BGB).
>
> **Einzelvertraglich** können zum Teil kürzere Fristen vereinbart werden (Aushilfskräfte, Probezeit; § 622 III u. V BGB).
>
> In **Tarifverträgen** können sowohl kürzere als auch längere Fristen vereinbart werden. Diese Regelungen können wiederum entsprechende nicht tarifgebundene Arbeitgeber und Arbeitnehmer einzelvertraglich vereinbaren (§ 622 IV BGB).

Zu den Kündigungsfristen im Überblick nun die Übersicht 5.

Übersicht 5: Kündigungsfristen (§ 622 BGB)

Aushilfen bis drei Monate *vereinbar*	ohne Mindestfrist
Während der *vereinbarten* Probezeit (bis zu sechs Monaten)	zwei Wochen
Grundkündigungsfrist (§ 622 I BGB)	vier Wochen zum 15. des Monats oder zum Monatsende

Verlängerte Fristen für Arbeitgeberkündigung nach Betriebszugehörigkeiten (§ 622 II BGB) (*ab 25. Lebensjahr* gilt nicht wg. EuGH 2010)

2 Jahre	1 Monat
5 Jahre	2 Monate
8 Jahre	3 Monate
10 Jahre	4 Monate
12 Jahre	5 Monate
15 Jahre	6 Monate
20 Jahre	7 Monate

Tarifvertraglich können alle Fristen abgekürzt und verlängert werden. Nicht tarifgebundene Arbeitgeber und Arbeitnehmer können dann diese dennoch einzelvertraglich *vereinbaren* (§ 622 IV BGB).

Kündigungsschutzgesetz

Die Prüfung einer Kündigung ist mit den Kündigungsfristen allerdings noch nicht zu Ende. Des Weiteren stellt sich die Frage, ob die Kündigungsschutzbestimmungen des Kündigungsschutzgesetzes (KSchG) der Kündigung der Steuerfachgehilfin aus Fall 17 entgegenstehen.

Anwendung findet das Kündigungsschutzgesetz auf Arbeitnehmer, die – wie im Beispielsfall – länger als sechs Monate in einem Betrieb beschäftigt sind (§ 1 I KSchG).

Weitere Voraussetzung ist, dass im Betrieb in der Regel mehr als zehn Arbeitnehmer beschäftigt sind (§ 23 KSchG). Im Fall 17 trifft dies fraglos auf die drei angestellten Steuerberater, die Kanzleileiterin und die sechs Steuerfachgehilfinnen zu. Der S ist jedoch hiermit noch nicht gedient, da bei dieser Zählung nur zehn Arbeitnehmer (3+1+6) im Betrieb sind. Die Auszubildenden zählen gem. § 23 I S. 2 KSchG nicht mit. Der Gesetzgeber wollte verhindern, dass Arbeitgeber auf die Ausbildung verzichten, um nicht unter das Kündigungsschutzgesetz zu fallen. Es stellt sich also im Beispielsfall die Frage, ob die Raumpflegerin in die Zählung einzubeziehen ist. Teilzeitbeschäftigte Arbeitnehmer werden auch nur anteilig gerechnet! Arbeitnehmer mit einer regelmäßigen wöchentlichen Arbeitszeit von nicht mehr als 20 Stunden werden mit 0,5 und solche mit nicht mehr als 30 Stunden werden mit 0,75 einbezogen. Die Raumpflegerin arbeitet zwar nur zwölf Stunden in der Woche, sie wird jedoch mit 0,5, also als halber Arbeitnehmer, mitgezählt. Insgesamt sind damit also 10,5 Arbeitnehmer beschäftigt und das Kündigungsschutzgesetz findet Anwendung.

Die Schwelle von zehn Arbeitnehmern lässt sich gut merken, aber ganz so einfach ist es nicht. Bis zum 1.1.04 galt das KSchG jedoch schon bei mehr als nur fünf Arbeitnehmern. Dieser Schutz sollte den im Arbeitsverhältnis stehenden Arbeitnehmern erhalten bleiben. Daher gilt für alle, die am 31.12.2003 beschäftigt waren, die Mehr-als-fünf-Arbeitnehmer-Regel, wobei Neueinstellungen nicht mitzählen (§ 23 KSchG).

Weiterhin ist hervorzuheben, dass nur durch die Erhebung einer Klage der Kündigungsschutz geltend gemacht werden kann. Eine solche Kündigungsschutzklage ist innerhalb von drei Wochen nach Zugang der Kündigung einzureichen (§§ 4, 7 KSchG). Erfolgt keine rechtzeitige Klageerhebung, so ist die Klage materiell nicht begründet, da etwaige Mängel bei der Einhaltung des Kündigungsschutzgesetzes geheilt werden.

Zu den Voraussetzungen des Kündigungsschutzes nach dem KSchG nun der Leitsatz 19.

Leitsatz 19

Voraussetzungen des Kündigungsschutzes des KSchG

1. Es müssen mehr als **zehn Arbeitnehmer**, also mindestens 10,5 Arbeitnehmer, im Betrieb arbeiten (§ 23 I KSchG), wobei Teilzeitbeschäftigte anteilig gerechnet werden (bis 20 Wochenstunden 0,5; bis 30 WS 0,75). Für Arbeitnehmer, deren Arbeitsverhältnis schon am 31.12.03 bestand, gilt eine 5,5 Arbeitnehmer-Grenze, wobei Neueinstellungen nicht mitzählen.

2. Der Arbeitnehmer muss mindestens **sechs Monate** in demselben Betrieb oder Unternehmen im Dienst gestanden haben (§ 1 I KSchG).

3. Die **Kündigungsschutzklage** muss **innerhalb von drei Wochen** nach Zugang der Kündigung erhoben werden (§§ 4, 7 KSchG).

Im Beispielsfall 17 wurde also festgestellt, dass das Kündigungsschutzgesetz Anwendung findet. Das heißt natürlich noch nicht, dass die Schutzbestimmungen auch zutreffen. Um festzustellen, ob die Kündigung der Steuerfachgehilfin rechtens ist, ist dies nun zu prüfen.

Findet auf ein Arbeitsverhältnis das Kündigungsschutzgesetz Anwendung, so ist eine ordentliche Kündigung nur dann unwirksam, wenn sie sozial ungerechtfertigt ist (§ 1 I KSchG). Es stellt sich also die Frage, in welchen Fällen ist eine Kündigung sozial gerechtfertigt und in welchen Fällen nicht. Lesen Sie dazu den zweiten Absatz des § 1 KSchG, eine der zentralen Vorschriften des Kündigungsschutzrechts.

Eine Kündigung ist dann sozial gerechtfertigt, wenn sie durch Gründe, die in der Person oder dem Verhalten des Arbeitnehmers liegen, oder durch dringende betriebliche Erfordernisse bedingt ist (§ 1 II, S. 1 KSchG). Anders gesagt, die Kündigung muss entweder

      a) personenbedingt,

      b) verhaltensbedingt oder

      c) betriebsbedingt

begründet sein.

Diese drei Kündigungsgründe des § 1 II, S. 1 KSchG sind allerdings kaum aus sich allein verständlich. So hat die Rechtsprechung diese dann über Jahre hinweg ausgefüllt:

zu a): Gründe, die in der Person des Arbeitnehmers (personenbedingte Gründe) liegen, sind solche, die auf den persönlichen Eigenschaften und Fähigkeiten des Arbeitnehmers beruhen. Hier kommt insbesondere häufige Krankheit, Trunk- oder Drogensucht, mangelnde Eignung oder nachlassende Arbeitsfähigkeit in Betracht. Die persönlichen Eigenschaften müssen natürlich in einer gewissen Intensität vorliegen. Keinesfalls reicht etwa eine Erkrankung, auch nicht eine längere Erkrankung, als Kündigungsgrund. Zum einen ist weitere Voraussetzung, dass die Krankheit eine unzumutbare Beeinträchtigung der betrieblichen Interessen darstellt. Zum anderen muss die Annahme hinzukommen, dass der Arbeitnehmer auch in Zukunft länger krank sein wird. Oft werden von der Arbeitgeberseite häufige Kurzerkrankungen eines Arbeitgebers als Rechtfertigungsgrund angeführt. Dies ist zwar grundsätzlich zulässig, die Kurzerkrankungen müssen sich jedoch über einen sehr langen Zeitraum, etwa über drei Jahre, hinziehen und zudem muss mit ihnen auch in der Zukunft zu rechnen sein.

zu b): Gründe, die im Verhalten des Arbeitnehmers liegen (verhaltensbedingte Gründe) sind vor allem solche, die sich aus einem Verhalten des Arbeitnehmers gegenüber dem Arbeitgeber, seinen Arbeitskollegen oder Kunden ergeben. In Betracht kommen hier insbesondere Unzuverlässigkeit, mangelhafte Leistungen, strafbare Handlungen (z.B. Diebstahl), Unpünktlichkeit, Beleidigungen oder die Störung des Betriebsfriedens, kurzum alle nur denkbaren Pflichtverletzungen des Arbeitnehmers. Aber auch hier gilt die Anforderung, dass der Verstoß eine gewisse Gewichtigkeit und Intensität beinhalten muss. Konkret ist sie nur im Einzelfall anhand einer Interessenabwägung festzustellen. Zudem ist vor dem Ausspruch einer verhaltensbedingten Kündigung in aller Regel eine sog. Abmahnung erforderlich. Beim ersten Auftreten des negativen Verhaltens muss der Arbeitgeber sehr deutlich machen, dass er in Zukunft ein solches Verhalten nicht hinnehmen und bei einer Wiederholung kündigen wird. Diese „gelbe Karte" ist nur bei wirklich eindeutigem Verhalten (z.B. Diebstahl) entbehrlich.

zu c): Betriebsbedingte Gründe sind alle internen und externen Einflüsse auf einen Betrieb, die die Arbeitsleistung des Arbeitnehmers überflüssig machen. In Betracht kommt hier etwa der Auftragsmangel, der Absatzrückgang, Rationalisierung, Rohstoffmangel oder Finanzierungsschwierigkeiten.

An die Prüfung der drei Rechtfertigungsgründe schließt sich zudem in jedem Fall noch die Prüfung der Verhältnismäßigkeit an. Denn grundsätzlich soll eine Kündigung immer das letzte angewandte Mittel zur Lösung des Konflikts sein. Unter den Arbeitsrechtlern heißt dies das „Ultima-Ratio-Prinzip". Es ist also immer zu prüfen, ob die Möglichkeit der Weiterbeschäftigung etwa nach einer Umschulung oder durch Versetzung an einen anderen Arbeitsplatz besteht.

Im Eingangsfall 17 macht der Arbeitgeber den Rückgang der Mandantenzahlen geltend. Es liegt also ein betriebsbedingter Kündigungsgrund vor. Damit hat die Steuerberaterkanzlei zwar das Recht zur Kündigung, dies ist jedoch nochmals dahin gehend eingeschränkt, dass sie dem sozial Stärksten seiner Arbeitnehmer zuerst kündigen muss (§ 1 III KSchG). Der Arbeitgeber ist also verpflichtet, eine Sozialauswahl vorzunehmen. Kann der gekündigte Arbeitnehmer nachweisen, dass nur ein anderer Arbeitnehmer sozial stärker ist als er, so ist seine Kündigung unberechtigt.

Das Gesetz gibt dem Arbeitgeber dabei folgende Kriterien an die Hand (§ 1 III KSchG):

- ▶ Dauer der Betriebszugehörigkeit
- ▶ Lebensalter
- ▶ Unterhaltspflichten
- ▶ Schwerbehinderung

Dies muss der Arbeitgeber entsprechend werten. Er darf dann nur dem sozial stärksten kündigen. Richtlinien für eine solche Wertung können auch in Tarifverträgen, Betriebsvereinbarung oder Personalvertretungs-Richtlinien festgesetzt werden (§ 1 IV KSchG).

In die Auswahl einbezogen werden jedoch nur Arbeitnehmer an vergleichbaren Arbeitsplätzen. Im Ausgangsfall 17 kommen daher nur die weiteren Steuerfachgehilfinnen in die soziale Auswahl. Da eine ungekündigte Steuerfachgehilfin jünger ist und zudem noch kürzer im Betrieb, hätte die Kanzlei ihr zuerst kündigen müssen. Die Kündigung im Ausgangsfall ist also unbegründet!

Auch bei der sozialen Auswahl gilt jedoch die Weisheit: Keine Regel ohne Ausnahme. Nach § 1 III S. 2 KSchG sind solche Arbeitnehmer nicht in die soziale Auswahl einzubeziehen, deren Weiterbeschäftigung insbesondere wegen ihrer Kenntnisse, Fähigkeiten und Leistungen oder zur Sicherung einer ausgewogenen Personalstruktur des Betriebs, im berechtigten betrieblichen Interesse liegt. Diese Ausnahme ist von Bedeutung. Entsprechende Situationslagen werden häufig von Arbeitgebern vorgebracht.

Leitsatz 20

Rechtfertigungsgründe des KSchG

Die Kündigung eines Arbeitnehmers, der den Schutz des Kündigungsschutzgesetzes genießt, muss sozial gerechtfertigt sein. Deshalb muss eine Kündigung entweder

→ **personenbedingt**
→ **verhaltensbedingt** (ggf. mit Abmahnung) oder
→ **betriebsbedingt** (mit korrekter sozialer Auswahl)

begründet sein.

Besondere Kündigungsschutzgründe

Fall 18

Ein kleines Friseurgeschäft kündigt seiner Friseurin F fristgerecht. Wie sich nach wenigen Wochen für die Friseurin herausstellt, war sie zum Zeitpunkt der Kündigung schon schwanger. Hat ihre Schwangerschaft Einfluss auf die Kündigung?

In diesem Fall greift einer der vielen besonderen Kündigungsschutzgründe, die für in hohem Maße schutzwürdige Arbeitnehmergruppen geschaffen wurden, und zwar der Mutterschutz gem. § 9 MuSchG. Die Kündigung ist demnach während der Schwangerschaft und bis zum Ablauf von vier Monaten nach der Entbindung unzulässig. Die werdende Mutter hat allerdings gem. § 9 I MuSchG ihren Arbeitgeber innerhalb von zwei Wochen nach Zugang der Kündigung von ihrer Schwangerschaft zu unterrichten. Wenn die Schwangere diese Mitteilung unterlässt, ist es vorbei mit dem Superkündigungsschutz! Sollte die Arbeitnehmerin allerdings selbst nichts von ihrer Schwangerschaft wissen, und konnte sie daher den Arbeitgeber unverschuldet nicht innerhalb der Zweiwochenfrist benachrichtigen, kann sie dies ohne Rechtsverlust unverzüglich nachholen (§ 9 I MuSchG).

Demnach ist für den Eingangsfall festzustellen, dass die F durch die unverzügliche Benachrichtigung ihres Arbeitgebers die Unzulässigkeit ihrer Kündigung herbeiführen kann.

Besonderer Kündigungsschutz besteht weiterhin insbesondere für Betriebsratsmitglieder oder Mitglieder der Jugend- oder Schwerbehindertenvertretung. Deren Kündigung ist ebenfalls unzulässig (§ 15 KSchG).

Auch für die schwerbehinderten Menschen besteht ein besonderer Schutz. Zum einen ist die Scherbehindertenvertretung anzuhören. Zum anderen ist die Wirksamkeit der Kündigung von einer Zustimmung des Integrationsamts abhängig, die vom Arbeitgeber eingeholt werden muss (§§ 168 ff SGB IX).

Ähnliches gilt für Arbeitnehmer die die Pflegezeit (Freistellung oder Teilzeit) in Anspruch nehmen, weil sie Angehörige zu Haus pflegen (§ 5 PflegeZG).

Weitere Kündigungsschutzbestimmungen finden sich z.B. im Bundeselterngeld- und Elternzeitgesetz (§ 18 BEEG) für die Elternzeit oder auch für den selten gewordenen Wehrdienst im Arbeitsplatzschutzgesetz (§ 2 ArbPlSchG).

Zu den verschiedenen Kündigungsschutzbestimmungen nun der Leitsatz 21.

Leitsatz 21

Kündigungsschutzbestimmungen

Die Grundsätze der Kündigung eines Arbeitsverhältnisses sind im **BGB** (§§ 620–626) geregelt. Bestimmt wird das Kündigungsrecht jedoch von einer Vielzahl von **Sonderregelungen**, den Kündigungsschutzbestimmungen, insbesondere:

→ **Kündigungsschutzgesetz** (KSchG)
→ Schutz für Betriebsratsmitglieder u.a. (§ 15 KSchG, Betriebsverfassungsgesetz; § 103 BetrVG)
→ Schwerbehindertenrecht (Sozialgesetzbuch Neuntes Buch; §§ 168 ff SGB IX)
→ Mutterschutzgesetz (§ 9 MuSchG)
→ Elternzeit (Bundeselterngeld- und Elternzeitgesetz; §18 BEEG)
→ Pflegezeitgesetz (§ 5 PflegeZG)
→ Arbeitsplatzschutzgesetz bei Wehrdienst (§ 2 ArbPlSchG)

Die Kündigungsschutzbestimmungen schützen den sozial schwächeren Arbeitnehmer vor der Kündigung des Arbeitgebers.

Unwirksamkeit einer treuwidrigen Kündigung gem. § 242 BGB

Das Bundesarbeitsgericht lässt bei sehr großem Unrecht aber auch jene Arbeitnehmer, denen weder das Kündigungsschutzgesetz noch unter andere Kündigungsschutzregeln zur Seite stehen, nicht völlig im Stich. Wenn das Unrecht so groß ist, wenn es etwa völlig offensichtlich erkennbar ist, dass nicht hätte gekündigt werden dürfen, dann ist die Kündigung treuwidrig und gem. § 242 BGB unwirksam (BAG, NZA 2001, 833). Im Entscheidungsfall war der gekündigte Lackierer 18 Jahre im Kleinbetrieb beschäftigt, während vier andere Lackierer nicht nur jünger waren, sondern zum Teil auch deutlich kürzer Beschäftigungszeiten hatte. Der Arbeitgeber konnte zudem keinen einleuchtenden Grund für die Auswahl vorweisen.

Eine solche Konstellation kommt zwar sehr selten vor, diese Unwirksamkeit nach Treu und Glauben gem. § 242 BGB wird jedoch gerne als Argument genutzt, um gegen Kleinbetriebe oder bei Beschäftigungszeiten unter sechs Monaten eine Kündigungsschutzklage doch noch irgendwie zu begründen.

Betriebsrat und Kündigung

Fall 19

In einem großen Kaufhaus wird dem Verkäufer V gekündigt. Aufgrund verschiedener längerer Krankheiten war seine Kündigung begründet und sozial gerechtfertigt. Im Kaufhaus existiert ein Betriebsrat. Dem Betriebsrat wurde die Kündigung am Tag nach der Absendung vorgelegt. Er stimmte der Kündigung zu. Ergeben sich aus den Geschehnissen um die Beteiligung des Betriebsrats Zweifel an der Rechtmäßigkeit der Kündigung?

Werfen Sie einen Blick in das Betriebsverfassungsgesetz und den sehr langen (und wichtigen) Paragrafen 102. Der Arbeitgeber ist also verpflichtet, vor jeder Kündigung den Betriebsrat, soweit einer vorhanden ist, anzuhören (§ 102 BetrVG). Diese Anhörungspflicht ist in der Praxis von sehr großer Bedeutung, da ein Verstoß zur unheilbaren Nichtigkeit der Kündigung führt.

Diese Voraussetzungen der Anhörung sehen auf den ersten Blick zwar sehr einfach aus, in der Praxis scheitern jedoch viele Kündigungen des Arbeitgebers gerade an der unzureichenden Durchführung.

Von entscheidender Bedeutung ist die Regelung, dass der Betriebsrat zeitlich gesehen vor der Kündigung angehört werden muss. Die Anhörung muss daher vor Verwirklichung der Kündigungsabsicht, also vor Absendung oder Übermittlung der Kündigung an den Arbeitnehmer erfolgen. Der Mangel einer verspäteten Anhörung ist nicht zu heilen – auch nicht durch eine spätere Zustimmung des Betriebsrats zur Kündigung. Die Formvorschriften der Anhörung des Betriebsrats sind also penibel genau zu befolgen.

An dieser Stelle lässt sich schon der Fall 19 unproblematisch lösen: Die Anhörung zur Kündigung nach deren Absendung war zu spät. Selbst die nachträgliche Zustimmung des Betriebsrats konnte dies nicht heilen. Die Kündigung des Verkäufers V ist daher unheilbar nichtig.

Doch weiter zu Anhörung des Betriebsrats: Es reicht nicht aus, dem Betriebsrat lediglich Namen des Arbeitnehmers und Kündigungsgrund mitzuteilen. Er muss über alle tatsächlichen Gründe der Kündigung und den maßgeblichen Sachverhalt informiert werden.

Nach der Anhörung hat der Betriebsrat eine Frist von einer Woche, um der Kündigung schriftlich und begründet zu widersprechen (§ 102 II BetrVG). § 102 III BetrVG listet die fünf einschlägigen Widerspruchsgründe auf (Lesen nicht vergessen!). Nutzt der Betriebsrat seine Wochenfrist nicht, so gilt dies als Zustimmung zur Kündigung.

Der Arbeitgeber ist durch einen Widerspruch allerdings nicht gehindert, trotzdem zu kündigen. Er hat lediglich den Widerspruch der Kündigung beizufügen (§ 102 IV BetrVG). Damit soll u.a. der Arbeitnehmer in die Lage versetzt werden, die Chancen einer Kündigungsschutzklage leichter abzuschätzen.

Ein begründeter Widerspruch des Betriebsrats ist allerdings sehr bedeutend für den Fall, dass der Arbeitnehmer tatsächlich eine Klage einreicht. In diesem Fall hat er gem. § 102 V BetrVG das Recht auf Weiterbeschäftigung am Arbeitsplatz. Der Arbeitgeber muss ihn also zu den gleichen Bedingungen weiterbeschäftigen. Nur das Gericht kann den Arbeitgeber in ganz besonderen Fällen davon entbinden.

Leitsatz 22

Anhörung des Betriebsrats

Existiert in einem Betrieb ein Betriebsrat, so ist dieser **unbedingt vor jeder Kündigung** anzuhören. Geschieht dies nicht oder nicht richtig, so ist die Kündigung unheilbar nichtig (§ 102 BetrVG).

Zur ordentlichen Kündigung nun ein komplettes Prüfschema.

Übersicht 6: Prüfschema ordentliche Kündigung (§§ 620–625 BGB)

Wurde eine ordentliche Kündigung erklärt?

In richtiger Schriftform?

(ohne Originalunterschrift nichtig gem. §§ 623, 126 I, 125 BGB)

Ist der Betriebsrat ordnungsgemäß angehört worden?

(gem. § 102 BetrVG mit Bekanntgabe der Gründe und des maßgeblichen Sachverhalts)

Steht besonderer Kündigungsschutz entgegen? Etwa:

– Mutterschutz (§ 9 MuSchG); Pflegezeit (§ 5 PflegeZG)

– Schwerbehindertenschutz (§§ 168 ff SGB IX)

– Schutz der Betriebsratsmitglieder u.a. (§ 15 KSchG, § 103 BetrVG)

Wurde die Kündigungsfrist eingehalten (§ 622 BGB)?

– gesetzliche Kündigungsfristen (§ 622 I oder II BGB)?

– Wurden vertraglich zulässig kürzere Fristen vereinbart (Aushilfskräfte, Probezeit, kleine Betriebe [§ 622 III oder V BGB])?

– Gilt ein Tarifvertrag mit anderen Fristen oder wurden solche Fristen vereinbart (§ 622 IV BGB)?

Besteht Kündigungsschutz nach dem KSchG?

Anwendbarkeit

– sechsmonatige Betriebszugehörigkeit gem. § 1 I KSchG

– mehr als zehn Arbeitnehmer im Betrieb gem. § 23 KSchG (Teilzeitkräfte: bis 20 Wochenstunden = 0,50 AN; bis 30 WS = 0,75 AN) (bei Altfall, AVH bestand am 31.12.03 → 5 AN)

– Erhebung der Klage innerhalb drei Wochen gem. §§ 4, 7 KSchG

Soziale Rechtfertigung der Kündigung gem. § 1 I KSchG
– personenbezogene Kündigung (z.B. starke Krankheit, Drogensucht, mangelnde Eignung)

- verhaltensbedingte Kündigung (Pflichtverletzungen, wie strafbare Handlungen, Unpünktlichkeit, Beleidigungen; Wichtig: Abmahnung erfolgt oder überflüssig?)
- betriebsbedingte Kündigung (z.B. Auftragsmangel, Absatzrückgang, Rationalisierung, Rohstoffmangel)

Verhältnismäßigkeit der Kündigung: Ist Umschulung oder Versetzung an einen anderen Arbeitsplatz möglich?

Soziale Auswahl bei der betriebsbedingten Kündigung (§ 1 III KSchG)
- Auswahlkriterien: Dauer der Betriebszugehörigkeit, Lebensalter, Unterhaltspflichten, Schwerbehinderung (§ 1 III S. 1 KSchG)
- Durchbrechung der sozialen Auswahl durch berechtigte betriebliche Bedürfnisse (§ 1 III S. 2 KSchG)?
- Liegen konkrete Bewertungsregelungen im Tarifvertrag etc. vor (§ 1 IV KSchG)?

Drastisches Unrecht und kein Kündigungsschutz?

(Kündigung treuwidrig: gem. § 242 BGB unwirksam)

Änderungskündigung

Fall 20

A, der Inhaber eines großen Möbelhauses, stellt fest, dass sein Verkäufer V kaum noch Umsatz bringt. Er möchte ihn, da V zudem sehr kräftig gebaut ist, lieber als Auslieferungsfahrer arbeiten lassen. Wie muss er die Umsetzung organisieren?

Wie wir aus Lektion 6 wissen (Stichwort: Art der Arbeitsleistung), unterscheiden sich die Arbeitsaufgaben eines Verkäufers zu sehr von denen eines Auslieferungsfahrers, als dass eine einfache Umsetzung vom Arbeitsvertrag abgedeckt ist.

Eine Umsetzung des V ist also nicht möglich. Dem Arbeitgeber verbleibt nur die Möglichkeit einer sog. Änderungskündigung. Die Änderungskündigung beinhaltet nichts anderes, als die Kündigung des alten Arbeitsverhältnisses und ein Angebot zum Abschluss eines neuen Arbeitsvertrags zu den geänderten Bedingungen.

Da die Änderungskündigung eine Kündigung des alten Arbeitsvertrags beinhaltet, ist diese auch wie eine Kündigung zu behandeln. So gelten etwa die Kündigungsfristen. Der Betriebsrat ist anzuhören und die Kündigungsschutzvorschriften (KSchG, MuSchG etc.) finden Anwendung.

Wenn A seinen Verkäufer V in der Auslieferung beschäftigen will, so muss er also den schwierigen Weg einer Änderungskündigung gehen. Bei der Umsetzung sind mithin alle Begebenheiten zu berücksichtigen, die auch bei einer Kündigung entscheidend wären.

Eine besondere Bedeutung hat die Möglichkeit einer Änderungskündigung im Kündigungsschutzprozess. Hier muss sich der Arbeitgeber häufig fragen lassen, ob nicht durch eine Umsetzung, also durch eine Änderungskündigung, die eigentliche Kündigung hätte vermieden werden können.

Leitsatz 23
Änderungskündigung

Die Umsetzung eines Arbeitnehmers an einen qualitativ anders gearteten Arbeitsplatz ist nur mittels einer Änderungskündigung möglich. Sie besteht – rechtlich gesehen – aus einer **Kündigung und einem neuen Vertragsangebot**. Für die Änderungskündigung gelten daher die gleichen Voraussetzungen wie für eine Kündigung.

Lektion 8: Außerordentliche Kündigung

Fall 21
A arbeitet in einem großen Werk für Autoelektronik. Als er nach Feierabend das Werk verlässt, wird er vom Werkschutz kontrolliert. Es wird ein exklusives Autoradio in seiner Aktentasche gefunden. Es stellt sich heraus, dass A in der Mittagspause unbefugt in das Lager gegangen war und das Radio eingesteckt hatte. Am nächsten Morgen wird A zum Personalleiter gerufen. Dieser erklärt, dass ihm aufgrund der Vorfälle des Vortags mit sofortiger Wirkung gekündigt werde. Der Betriebsrat sei informiert worden und habe der Kündigung zugestimmt. A solle sofort seine Sachen packen und das Werk verlassen.

Fall 22
B arbeitet bei einer großen Versicherung, deren Geschäftsräume sich in zwei ca. zehn Minuten Fußweg voneinander entfernten Gebäuden befinden. B hat an einem Tag in beiden Gebäuden zu tun. Durch einen Zufall kommt heraus, dass er für den Weg von einem Haus zum anderen nicht zehn Minuten, sondern über eine Stunde gebraucht hat. Als ihn die Geschäftsleitung zur Rede stellt, gibt er zu, unterwegs private Besorgungen gemacht zu haben. Kann B gekündigt werden?

Fall 23
Zwischen dem Bäckergesellen C und seinem Chef kommt es zum Streit über die Urlaubszeiten. C, der bisher im Betrieb als sehr ruhiger Mitarbeiter bekannt war, regt sich über die ungünstige Lage seines Urlaubs sehr auf und beschimpft seinen Chef laut und vor den anderen Arbeitern als „Schwein" und „Idiot". Dieser überlegt sich, ob er C kündigen kann.

Neben der ordentlichen Kündigung, die wir in der letzten Lektion kennen gelernt haben, bei der ja u.a. eine Frist einzuhalten ist, kennt das Recht die außerordentliche Kündigung. Sie wird in § 626 BGB, einer der bedeutsamsten Normen des Arbeitsrechts, geregelt (Lesen!). Ein besonderes Merkmal der außerordentlichen Kündigung ist die Möglichkeit, sie fristlos auszusprechen.

Die Erklärung einer außerordentlichen Kündigung ist gem. § 626 BGB möglich, wenn Tatsachen vorliegen, aufgrund derer den Vertragspartnern die Fortsetzung des Arbeitsverhältnisses bis zum Ablauf der Kündigungsfrist oder bis zur vereinbarten Beendigung nicht zugemutet werden kann.

Diese Voraussetzung wird allgemein unter dem Stichwort „**wichtiger Grund**" diskutiert. Ein solcher wichtiger Grund ist also Voraussetzung für eine außerordentliche Kündigung. Die Schicksalsfrage ist nun, in welchen Fällen ein wichtiger Grund vorliegt und in welchen nicht. Gem. § 626 BGB müssen die Tatsachen, also der wichtige Grund, so schwerwiegend sein, dass diese unter Berücksichtigung aller Umstände des Einzelfalls und unter Abwägung aller Interessen eine außerordentliche Kündigung rechtfertigen. Es ist also grundsätzlich eine **Einzelfallabwägung** vorzunehmen.

In der Regel rechtfertigen dabei folgende Handlungen des Arbeitnehmers eine außerordentliche Kündigung:

▶ Diebstahl, Unterschlagung oder Betrug (etwa fremde Stempelkarte drücken) zu Ungunsten des Arbeitgebers oder der Arbeitskollegen

▶ Schmiergeldannahme

▶ Tätlichkeiten oder grobe Beleidigungen gegenüber dem Arbeitgeber oder seinen Vertretern

▶ vorsätzliche Sachbeschädigung an den Sachen des Arbeitgebers oder der Arbeitskollegen

▶ Nichterfüllung der Arbeitspflicht (Überziehen des Urlaubs, Teilnahme an einem unrechtmäßigen Streik, eigenmächtiges Verlassen des Arbeitsplatzes, mehrfaches Zu-Spät-Kommen)

▶ Verstöße gegen die Betriebsordnung, Missachtung von Weisungen

▶ ernsthafte Störung des Betriebsfriedens durch politische oder gewerkschaftliche Agitation

Auch außerdienstliches Verhalten kann eine außerordentliche Kündigung rechtfertigen, etwa wenn der Arbeitnehmer dadurch gehindert wird, seine Arbeit zu erfüllen (Verlust des Führerscheins beim Kraftfahrer).

Abmahnung

Auf den ersten Blick vermittelt diese Aufzeichnung möglicher Kündigungsgründe den Eindruck, als stände der Arbeitnehmer immer sehr nah an der Klippe zur außerordentlichen Kündigung. Dem ist jedoch nicht so. Sehr oft sind die Vorkommnisse nicht so schwerwiegend zu bewerten, dass sie gleich beim ersten Mal eine außerordentliche Kündigung rechtfertigen. Vielfach wird erst durch eine Wiederholung die notwendige Intensität eines wichtigen Grundes im Sinn von § 626 BGB erreicht. Voraussetzung ist dann weiterhin, dass der Arbeitnehmer ausdrücklich darauf hingewiesen wurde, dass eine Wiederholung zur Kündigung führt. Für diese Konstellation hat sich die Rechtsform der sog. Abmahnung herausgebildet. Sie ist in der Praxis von großer Bedeutung. Bis auf sehr wenige Ausnahmen ist der Arbeitnehmer vor dem Ausspruch einer außerordentlichen Kündigung vorher ausdrücklich abzumahnen. Es ist ihm anzukündigen, dass eine weitere Handlung dieser Art zur Kündigung führt. Weder eine einmalige politische Äußerung noch ein einmaliger Verstoß gegen die Betriebsordnung berechtigen also in der Regel zu einer sofortigen außerordentlichen Kündigung. In beiden Fällen ist erst der Arbeitnehmer deutlich abzumahnen. Erst eine Wiederholung der Handlung durch den Arbeitnehmer führt dann zur Kündigungsmöglichkeit. Eine Abmahnung ist lediglich entbehrlich, wenn der Verstoß so schwerwiegend ist, dass der Arbeitnehmer damit rechnen muss, dass das Vertrauen des Arbeitgebers endgültig zerstört ist. Dies ist allerdings meist bei strafbaren Vergehen der Fall.

Leitsatz 24

Abmahnung

Einer **außerordentlichen Kündigung** muss regelmäßig eine **Abmahnung vorausgehen**. Unter einer Abmahnung versteht man eine **Beanstandung** der Leistung des Arbeitnehmers mit gleichzeitiger **Androhung** der Kündigung für den Fall der Wiederholung. Nur in sehr schwerwiegenden Fällen, bei denen schon das einmalige Ereignis zu einer vollständigen Zerstörung des Vertrauensverhältnisses führt (in der Regel etwa bei strafbaren Handlungen), ist eine Abmahnung entbehrlich.

Wichtiger Grund

Für die Beispielsfälle müssen wir nun entscheiden, ob jeweils ein wichtiger Grund vorliegt oder nicht.

Im Fall 21 hatte A durch den Autoradiodiebstahl das Vertrauen des Arbeitgebers missbraucht. Dieser hatte auf den Schutz seiner Sachwerte durch die Arbeitnehmer vertraut. Durch den Vorfall wurde das Vertrauensverhältnis nachhaltig zerstört, sodass eine Fortsetzung des Arbeitsverhältnisses dem Arbeitgeber nicht zuzumuten ist. Eine Abmahnung war nicht notwendig, da der einzelne Diebstahl für sich allein gesehen schon so schwerwiegend war, dass das Vertrauensverhältnis unwiederherstellbar zerstört wurde.

Im Fall 21 liegt also ein wichtiger Grund im Sinn des § 626 BGB vor. Im Folgenden haben wir dann zu untersuchen, ob auch die weiteren Voraussetzungen der außerordentlichen Kündigung vorliegen. Zuvor soll noch geklärt werden, ob in den Beispielsfällen 22 und 23 ein wichtiger Grund vorliegt.

Der Versicherungsangestellte B aus dem Fall 22 hatte in der Arbeitszeit Einkäufe unternommen. In der Zeit der Abwesenheit ist er seinen Pflichten aus dem Arbeitsvertrag nicht nachgekommen. Dies hat der Arbeitgeber sicher nicht hinzunehmen. Es kann jedoch nicht davon gesprochen werden, dass das Vertrauensverhältnis endgültig zerstört ist. Es ist durchaus zu erwarten, dass sich ein solcher Vorfall, insbesondere nach der Entdeckung, nicht wiederholt. Diese 50-minütige Leistungsverweigerung stellt mithin alleine keinen wichtigen Grund dar, der ohne vorhergehende Abmahnung eine außerordentliche Kündigung ermöglicht. Dem Arbeitgeber steht es jedoch frei, den Vorfall zum Anlass zu nehmen, eine Abmahnung zu erklären. Im Wiederholungsfall wäre er dann zur außerordentlichen Kündigung berechtigt.

Im Fall 23 beleidigte der Bäckergeselle C seinen Meister mit den Worten „Idiot" und „Schwein". Solche verletzenden Bezeichnungen stellen eine grobe Beleidigung dar und können zur außerordentlichen Kündigung führen. Abzustellen ist jedoch auch hier auf den Gesamtzusammenhang. Im vorliegenden Fall war C als sehr ruhiger Mitarbeiter bekannt. Solche einmaligen Beleidigungen stellen eine einmalige Entgleisung dar, die das

Vertrauensverhältnis nicht endgültig zerstören. Dem Bäckermeister steht es deshalb auch hier lediglich frei, eine Abmahnung zu erteilen.

Anders wäre der Fall wohl zu beurteilen, wenn C bekannt war für seine ungehobelte Art und schon in den Tagen vorher weniger starke oder ähnliche Beleidigungen ausgesprochen hätte. Findet ein solches Verhalten seinen Höhepunkt in der groben Beleidigung, so liegt ein wichtiger Grund vor. Bei der Beurteilung von Beleidigungen ist es zudem unerheblich, in welcher Sprache sie erfolgen. Hingegen rechtfertigen hinterbrachte Beleidigungen, also Beleidigungen, die gegenüber Dritten erfolgen und dem Arbeitgeber lediglich hinterbracht werden, in der Regel keine außerordentliche Kündigung.

Weder im Fall 22 noch im Fall 23 liegt also ein wichtiger Grund vor. Für unsere weitere Prüfung ist mithin nur noch der Autoradiofall (Fall 21) von Relevanz. Zur weiteren Lösung später.

Verdachtskündigung

Zur Problematik des wichtigen Grundes ist vorher noch auf einen viel diskutierten Sonderfall, auf die Verdachtskündigung, hinzuweisen. Kommt es bei einer strafbaren Handlung nicht zu einem Geständnis des Arbeitnehmers oder zu einer anderen schnellen Aufklärung, so bleibt manchmal ein schwerwiegender Verdacht gegen einen Arbeitnehmer. Zu denken ist hier etwa an folgenden Tathergang:

Fall 24
In einer Fabrik werden regelmäßig aus den Spinden der Arbeitnehmer Gegenstände gestohlen. Als ein Arbeiter zufällig früher als normal in den Umkleideraum kommt, entdeckt er D, der in einer fremden Jacke hantiert. D flieht und äußert sich nicht weiter.

Auch ein schwerer nicht ausgeräumter Verdacht kann ein wichtiger Grund zur außerordentlichen Kündigung sein, insbesondere, wenn der Arbeitnehmer durch eigenes Verhalten (hier: Flucht) den Verdacht selbst herbeigeführt oder verstärkt hat und seine Anhörung nichts ergeben hat. In einem Kündigungsschutzprozess besteht für den Arbeitnehmer jedoch die Möglichkeit, seine Unschuld zu beweisen und so seine Wiedereinstellung durchzusetzen. D könnte beispielsweise argumentieren, er habe die

Jacke für seine eigene gehalten, er sei aufgrund persönlicher Angst vor dem Zeugen geflohen oder die Diebstähle hätten trotz seiner Abwesenheit nicht aufgehört.

Nun kommen wir zu den weiteren Voraussetzungen der außerordentlichen Kündigung und damit auch zur Weiterführung des Falls 21.

Zwei-Wochen-Frist

Die außerordentliche Kündigung ist gem. § 626 II BGB nur innerhalb einer Frist von zwei Wochen nach Erlangung der Kenntnis des wichtigen Grundes möglich. Die Frist beginnt also nicht mit dem Vorfall selbst, sondern mit dem Zeitpunkt, in dem dem Arbeitgeber alle maßgeblichen Tatsachen bekannt werden.

Betriebsratsanhörung

Wie bei der ordentlichen Kündigung muss auch bei der außerordentlichen Kündigung gem. § 102 BetrVG der Betriebsrat vorher angehört werden. Er hat hier jedoch nur drei Tage Zeit zur Stellungnahme, wobei die Wochenenden mitzählen. Der Betriebsrat (nicht der Vorsitzende alleine) kann jedoch auch zustimmen und damit auf die weitere Frist verzichten.

Mit diesem Wissen können wir nun auch den noch offenen Fall 21 (Stichwort: Radiodiebstahl) zu Ende lösen. Der Arbeitgeber hatte richtigerweise den Betriebsrat angehört. Er brauchte nicht drei Tage warten, da dieser kurzfristig zugestimmt hat. Er hat zudem schon am nächsten Tag, also innerhalb der Zwei-Wochen-Frist gekündigt. Nach alledem ist die außerordentliche Kündigung des A nicht zu beanstanden.

Kündigungsschutzgründe und Drei-Wochen-Frist

Zwei weitere Begebenheiten, die wir schon von der ordentlichen Kündigung her kennen, sind zudem zu beachten:

▶ Auch die außerordentliche Kündigung ist nicht uneingeschränkt möglich. Sie wird durch verschiedene besondere Kündigungsschutzgründe oder -regelungen begrenzt. Insbesondere ist dies der **Mutterschutz** (§ 9 MSchG), der Schutz von **schwerbehinderten** Menschen (§§ 168 ff SGB IX) und die Regelungen zur **Entlassung von Betriebsratsmitgliedern** (§ 103 BetrVG).

▶ Des Weiteren besteht eine Frist für die gerichtliche Geltendmachung. Der Arbeitnehmer muss auch hier gem. §§ 13 I S. 2; 4; 7 KSchG innerhalb von **drei Wochen** eine Kündigungsschutzklage erheben, um zu verhindern, dass eine unberechtigte außerordentliche Kündigung nicht trotzdem rechtswirksam wird.

Arbeitnehmerkündigung

Hinzuweisen ist noch darauf, dass auch der Arbeitnehmer wegen eines wichtigen Grundes gem. § 626 BGB kündigen kann. § 626 BGB entfaltet seine Wirkung also in beide Richtungen. Wichtige Gründe, die eine Kündigung durch den Arbeitnehmer rechtfertigen, liegen in der Regel vor, wenn der Arbeitgeber keine oder nicht die volle vereinbarte Vergütung zahlt, wenn unzumutbare Arbeitsbedingungen, die zur Gefährdung von Leben, Gesundheit oder Sittlichkeit führen, vorhanden sind oder wenn es zu Tätlichkeiten oder groben Beleidigungen durch den Arbeitgeber oder seine Vertreter gekommen ist.

Leitsatz 25

Außerordentliche Kündigung

Die außerordentliche Kündigung gem. **§ 626 BGB** ist vom Vorliegen eines **wichtigen Grundes** abhängig. Sie ist nur innerhalb von **14 Tagen** nach Kenntnis der maßgeblichen Tatsachen möglich (§ 626 II BGB). Eine Kündigungsschutzklage des Arbeitnehmers kann nur innerhalb von drei Wochen eingelegt werden (gem. §§ 13 I S. 2; 4; 7 KSchG).

Zur außerordentlichen Kündigung nun ein komplettes **Prüfschema**.

Übersicht 7: Prüfschema außerordentliche Kündigung (§§ 626 BGB)

Wurde eine außerordentliche Kündigung erklärt?

(Kündigungserklärung abwägen: Beruft sich der Arbeitgeber auf einen wichtigen Grund? Erfolgte sie fristlos?)

In richtiger Schriftform?

(ohne Originalunterschrift nichtig gem. §§ 623, 126 I, 125 BGB)

Ist der Betriebsrat ordnungsgemäß angehört worden?

(gem. § 102 BetrVG mit Bekanntgabe der Gründe und des maßgebenden Sachverhalts; kurze Stellungnahmefrist von drei Tagen)

Liegt ein wichtiger Grund vor?

(gem. § 626 I BGB; Wichtig: Abmahnung erfolgt oder überflüssig)

Steht besonderer Kündigungsschutz entgegen? Etwa:

- Mutterschutz (§ 9 MuSchG); Pflegezeit (§ 5 PflegeZG)
- Schwerbehindertenschutz (§§ 168 ff SGB IX)
- Schutz der Betriebsratsmitglieder u.a. (§ 15 KSchG, § 103 BetrVG)

Erfolgte die Kündigungserklärung rechtzeitig?

(innerhalb von 14 Tagen gem. § 626 II BGB)

Wurde die Kündigungsschutzklage innerhalb von drei Wochen erhoben?

(gem. §§ 13 I S. 2; 4; 7 KSchG)

Lektion 9: Weitere Beendigungsgründe

Aufhebungsvertrag

■ Fall 25

In einem großen Supermarkt arbeitet K als jüngste von 18 Kassiererinnen. An einem normalen Arbeitstag wird sie plötzlich zum Marktleiter gerufen. Der Marktleiter eröffnet ihr, dass der Supermarkt dringend Personal einsparen müsse. Sie, als die jüngste unter den Kassiererinnen, solle aus sozialen Gründen doch als Erste gehen. Er erwäge auch eine Kündigung gegen sie. Es gäbe jedoch eine Möglichkeit, sich den Ärger zu ersparen. Man könne sich einigen. Er biete ihr eine Vereinbarung an, wonach der Arbeitsvertrag zwar mit sofortiger Wirkung ende, sie jedoch 1.500 € in bar erhalte. K erscheint dies als ein faires Angebot. Sie unterschreibt eine entsprechende Vereinbarung und nimmt die 1.500 € entgegen. Am Abend kommen K verschiedene Gedanken über die Richtigkeit ihrer Entscheidung: Hätte sie nicht mehr Geld verdient, wenn sie bis zum Ende der Kündigungsfrist weitergearbeitet hätte? Wäre die Kündigung eigentlich sozial gerechtfertigt gewesen, wo doch eine Kollegin erst drei Wochen beschäftigt ist? Als ihr am nächsten Tag beim der Arbeitsagentur mitgeteilt wird, dass sie das Arbeitslosengeld voraussichtlich erst nach einer Sperrfrist erhalte, weil sie ihre Stelle ja selbst aufgegeben habe, erkennt K, dass ihre Vereinbarung mit dem Marktleiter für sie sehr ungünstig ist. K will wieder zurück in ihr altes Arbeitsverhältnis. Geben Sie dem Wunsch von K eine Chance?

Fragen wir uns zuerst, was sich rechtlich gesehen eigentlich abgespielt hat. Überlegen Sie! Tipp: Das allgemeine Vertragsrecht.

Das Arbeitsverhältnis wurde von K und dem Marktleiter nicht durch eine Kündigung, sondern durch eine Vereinbarung aufgehoben. Ist dies möglich? Natürlich, nach dem Grundsatz der Vertragsfreiheit (§§ 241, 311 BGB) kann ein Arbeitsvertrag – wie jeder andere Vertrag – aufgehoben werden. Wenn beide Seiten das Arbeitsverhältnis nicht mehr wollen, besteht kein Grund, sie zur Fortführung des Arbeitsvertrags zu zwingen.

Eine Vereinbarung, mit der die Parteien des Arbeitsverhältnisses die Beendigung desselben beschließen, heißt Aufhebungsvertrag. Ein Aufhebungs- oder auch Auflösungsvertrag ist an die Schriftform gebunden (§ 623 BGB).

Er muss also von Arbeitnehmer- und Arbeitgeberseite unterschrieben werden. Üblicherweise beinhaltet der Aufhebungsvertrag die Vereinbarung der Beendigung des Arbeitsverhältnisses für sofort oder zu einem späteren Zeitpunkt gegen Zahlung einer Abfindung an den Arbeitnehmer. Der Aufhebungsvertrag ist ein sehr konsequentes und wirkungsvolles juristisches Gestaltungsmittel. Mit ihm können die Parteien das Arbeitsverhältnis unabhängig von allen sonst entgegenstehenden arbeitsrechtlichen Regelungen beenden. Weder das Kündigungsschutzgesetz noch die besonderen Kündigungsschutzvorschriften, wie die für Schwangere oder Schwerbehinderte, stehen der Wirksamkeit eines Aufhebungsvertrags entgegen. Es gelten insofern keinerlei Kündigungsfristen und -verbote.

Die Arbeitsagentur stellt den Abschluss eines Aufhebungsvertrags häufig der Kündigung durch den Arbeitnehmer gleich. Sie erkennt im Aufhebungsvertrag die freiwillige Aufgabe des Arbeitsverhältnisses durch den Arbeitnehmer. Dies hat zur Konsequenz, dass in der Regel gem. §§ 159 SGB III eine mehrwöchige Sperrfrist für die Zahlung von Arbeitslosengeld verhängt wird. Der Arbeitnehmer muss diesen finanziellen Verlust bei den Verhandlungen mit seinem Arbeitgeber berücksichtigen.

Der Abschluss eines Aufhebungsvertrags birgt also große Risiken für den Arbeitnehmer. Er verliert seinen gesamten Kündigungsschutz, erhält ggf. eine Sperrfrist von der Arbeitsagentur und zudem wird die Abfindung auf das Arbeitslosengeld angerechnet.

Wird ein Aufhebungsvertrag unüberlegt abgeschlossen, so kann es – wie hier im Beispielsfall 25 – schnell zu sehr großen Nachteilen für den Arbeitnehmer kommen. Schlussfolgerung: Ein Arbeitnehmer sollte sich den Abschluss eines Aufhebungsvertrags sehr gründlich überlegen. Andererseits spricht auch nichts dagegen, einen Arbeitsplatz – etwa zu Gunsten eines besseren –, zwar unter Aufgabe aller Rechte, jedoch mit einer schönen Abfindung zu verlassen.

Die Problematik des unvorsichtig abgeschlossenen Aufhebungsvertrags ist den Tarifparteien durchaus bekannt. Es finden sich daher in verschiedenen Tarifverträgen Schutzvorschriften für den Arbeitnehmer, etwa eine 14-tägige Widerrufsmöglichkeit.

Die rechtliche Situation im Fall 25 können wir also wie folgt zusammenfassen: K hat einen Aufhebungsvertrag abgeschlossen, mit dem sie auf ihren Kündigungsschutz verzichtet und der ihr eine Sperre bei der Arbeitsagentur einbringt. Ein solcher Vertragsabschluss ist für sie zwar trotz der Zahlung von 1.500 € sehr ungünstig, er ist jedoch rechtlich grundsätzlich nicht zu beanstanden.

Welche Möglichkeiten sehen Sie noch, um der K zu helfen? Es ist nicht einfach, einen geschlossenen Vertrag zu kippen! Die speziellen arbeitsrechtlichen Regelungen helfen nicht weiter, da sie vom Aufhebungsvertrag ausgehebelt werden. Rettung könnten nur das allgemeine Vertragsrecht bringen. Die Willenserklärung zum Abschluss des Aufhebungsvertrags kann – wie jede Willenserklärung – wegen Drohung oder Irrtum angefochten werden (§§ 119, 123 BGB). Im Fall 25 hatte der Marktleiter darauf hingewiesen, dass er eine Kündigung gegen K erwäge. Sehen Sie hierin eine Drohung, die eine Anfechtung gegen die Zustimmung zum Aufhebungsvertrag rechtfertigt? Nicht jede Drohung rechtfertigt die Anfechtung (§ 123 BGB). Es muss sich schon um die Drohung mit einem empfindlichen Übel handeln. Die Veränderung der täglichen Arbeitszeit etwa reicht nicht aus. Droht der Arbeitgeber jedoch mit einer unberechtigten Strafanzeige oder mit einer unberechtigten außerordentlichen Kündigung, so kann der Arbeitnehmer aus diesen Gründen anfechten. Der Arbeitgeber muss also schon wirklich schwerwiegend gedroht haben, damit sich ein Aufhebungsvertrag mittels der Anfechtung zu Fall bringen lässt. Die normale Ankündigung einer ordentlichen Kündigung, wie im Fall 25, stellt mithin kein empfindliches Übel dar. Wir können K also nicht helfen.

Die Anfechtung der Willenserklärung zum Abschluss des Aufhebungsvertrags kann auch mit Irrtum begründet werden (§ 119 BGB). Solche Fälle kommen allerdings sehr selten vor. Möglicherweise kann sich eine schwangere Frau, die sich des weit reichenden Verlustes ihrer Sozialleistungen nicht bewusst war oder von ihrer Schwangerschaft noch nichts wusste, auf einen solchen Irrtum berufen.

Leitsatz 26

Aufhebungsvertrag

Es steht den Parteien **frei**, das Arbeitsverhältnis mittels eines Aufhebungsvertrags **zu beenden** (Vertragsfreiheit; §§ 241, 311 BGB). Mit dem Vertrag **heben sie die Wirkung** aller Kündigungsschutzvorschriften einschließlich der Kündigungsfristen und -verbote **auf**.

Die Arbeitsagentur ist gem. § 159 SGB III berechtigt, eine **Zahlungssperrfrist** zu verhängen. Der Aufhebungsvertrag kann gegebenenfalls wegen Drohung (z.B. mit unberechtigter außerordentlicher Kündigung oder unberechtigter Strafanzeige) oder wegen Irrtums angefochten werden (§§ 119, 123 BGB).

Abfindungsangebot des Arbeitgebers

Um den Schwierigkeiten beim Abschluss eines Aufhebungsvertrags zu entgehen, findet sich § 1a KSchG eine Handlungshilfe.

Gem. § 1a KSchG kann der Arbeitgeber bei einer betriebsbedingten Kündigung für den Fall eine Abfindung anbieten, dass der Arbeitnehmer die dreiwöchige Frist des § 4 KSchG zur Erhebung einer Kündigungsschutzklage verstreichen lässt. Der Arbeitnehmer braucht dieses Angebot nicht konkret annehmen. Allein durch den Ablauf der Zeit, der Dreiwochenfrist des § 4 KSchG, erwirbt der Arbeitnehmer den entsprechenden Anspruch auf Abfindungszahlung. Die Höhe beträgt ein halbes Monatsgehalt pro Jahr der Betriebszugehörigkeit (§ 1a II KSchG).

Befristung des Arbeitsverhältnisses

 Fall 26

A schließt bei einem größeren Buchhandelshaus einen Arbeitsvertrag als Verkäufer mit der besonderen Vereinbarung ab, dass er nur für die Zeitspanne von drei Jahren gelten soll. Als die Zeit um ist, erhält A, der dort inzwischen sehr gerne verkauft, einen neuen Arbeitsvertrag, wiederum nur für drei Jahre. Nach Ablauf erhält er einen dritten Vertrag nochmals über drei Jahre. Als die insgesamt neun Jahre um sind, lehnt das Buchhandelshaus den Abschluss einer weiteren Verlängerung ab. Es sei festgestellt worden, dass A nicht mehr ins Geschäft passe. A ärgert sich nach dieser langen Zeit verständlicherweise und möchte weiterarbeiten. Was raten Sie ihm?

Die Fragestellung zeichnet sich ab. Ist die Befristung eines Arbeitsverhältnisses zulässig?

Lesen Sie § 620 I BGB! Hiernach enden Dienstverhältnisse mit Ablauf der Zeit, für die sie eingegangen sind. Daraus ließe sich schließen, dass Befristungen möglich und unproblematisch sind.

Richtig ist, dass die Befristung möglich ist. Unproblematisch ist sie jedoch nicht! Stellen wir uns einmal vor, die Befristung sei ohne Probleme möglich. Ein Arbeitgeber stünde dann bei der Einstellung vor der Frage, ob er unbefristet oder befristet auf drei oder fünf Jahre und mit dem Hintergedanken auf mögliche Anschlussverträge einstellen soll. Ein unbefristet eingestellter Arbeitnehmer würde für ihn ein ungleich höheres Risiko bedeuten. Wollte er den Arbeitnehmer – aus welchen Gründen auch immer – wieder entlassen, so müsste er die umfassenden Kündigungsvorschriften beachten. Beim befristet eingestellten Arbeitnehmer würde dagegen irgendwann der Vertrag einfach auslaufen. Er bräuchte ihn dann bloß nicht zu verlängern. Aufgrund dieser Lage wäre zu befürchten, dass Arbeitgeber die Möglichkeit der Befristung nutzen würden, um den Kündigungsschutz zu umgehen.

Die Befristung ist daher an besondere Voraussetzungen gebunden. Lesen wir weiter. § 620 III BGB gibt schon einen guten Hinweis. Für Arbeitsverträge, die auf bestimmte Zeit geschlossen werden, gilt das Teilzeit- und Befristungsgesetz (TzBfG). Die Zusammenstellung dieser beiden Rechtsgebiete in einem Gesetz verwundert zuerst. Was verbindet Teilzeitarbeit und Befristung von Arbeitsverträgen miteinander? Beide Gruppen unterscheiden sich von den unbefristeten Vollzeit-Arbeitnehmern durch die entsprechenden Einschränkungen.

Exkurs: Teilzeitarbeit

Im Hinblick auf das Zwei-Themen-Gesetz ein kleiner Exkurs zur Teilzeitarbeit: Teilzeitarbeit bedeutet, dass jemand regelmäßig mit weniger Wochenstunden beschäftigt ist (§ 2 TzBfG). Dies soll gefördert werden, damit insgesamt mehr Menschen eine Arbeitsstelle bekommen. Auch in leitenden Positionen soll die Teilzeit ermöglicht werden (§ 6 TzBfG). In Betrieben von mehr als 15 Arbeitnehmern besteht sogar ein gewisser Anspruch auf Verringerung der Arbeitszeit (§ 8 TzBfG). Bei Interesse nachlesen! Teilzeitbeschäftigte Arbeitnehmer haben grundsätzlich die gleichen Rechte wie Vollzeitbeschäftigte, etwa bei Urlaub, Krankheit und Kündigung.

Besonderes bei Befristungen

Zurück zur Befristung. § 14 I TzBfG unterteilt die Möglichkeiten der zulässigen Befristungen in welche mit sachlichem Grund und welche ohne. Er ist sehr detailliert formuliert. Hier ein Überblick:
Mit einem der acht sachlichen Gründe aus § 14 I TzBfG ist die Befristung zeitlich unbegrenzt möglich, eben solange der Grund besteht. Als Beispiele seien hier vorübergehender Bedarf, Vertretungen (z.B. bei Schwangerschaft) oder Anschlussbeschäftigung an eine Ausbildung genannt.

Das TzBfG sieht aber auch drei Sachverhalte vor, in denen die Befristung ohne sachlichen Grund möglich ist.

▶ bis zwei Jahre immer (§ 14 II TzBfG)

▶ bis vier Jahre nach Neugründung eines Unternehmens (§ 14 IIa TzBfG)

▶ bis fünf Jahre bei Arbeitnehmern, die über 52 Jahre alt sind und zuvor vier Monate arbeitslos waren (§ 14 III TzBfG)

Bei den ersten beiden Sachverhalten ist eine Befristung allerdings ausgeschlossen, wenn zuvor schon ein Arbeitsverhältnis mit dem Arbeitnehmer bestanden hat. „Zuvor" ist jedoch ein langer Zeitraum. Durch das BAG wurde dieser auf den Zeitraum auf drei Jahre reduziert (BAG, NZA 2011, 905). Ein Praktikum, was fünf Jahre her ist, macht eine Befristung also nicht unwirksam.

Aber Achtung, es gibt weitere Möglichkeiten der Befristung. Die Rechtsprechung hat zusätzliche Grunde entwickelt z.B. bei einer befristeten

Arbeitserlaubnis. Im Wissenschaftsbereich gilt das WissZeitVG, welches Befristungen sehr einfach macht.

Häufig werden zeitlich gesehen nicht nur ein, sondern mehrere befristete Arbeitsverträge hintereinander geschlossen. Diese Möglichkeit ist z.B. auch in § 14 TzBfG mehrfach konkret eröffnet. Bei einer solchen Staffelung spricht man dann von Kettenarbeitsverträgen. Hier stellt sich im Problemfall die Frage wo die Prüfung anfängt. Sind alle geschlossenen Arbeitsverträge zu prüfen oder nur der zeitlich letzte? Hier hat das BAG festgestellt, dass die Parteien mit dem Abschluss des letzten Arbeitsvertrags zum Ausdruck gebracht haben, dass dieser jetzt für sie Wirkung haben soll (BAG, NZA 1986, 569). Es ist daher immer nur der letzte geschlossene Vertrag zu prüfen.

Für die Befristung ist die Schriftform vorgeschrieben (§ 14 IV TzBfG). Ein rein mündlicher Arbeitsvertrag ist daher immer unbefristet, auch wenn mündlich eine Befristung vereinbart wurde oder wenn später eine schriftliche Befristung unterzeichnet wird.

Was muss ein Arbeitnehmer tun, wenn ihm die Befristung seines Arbeitsverhältnisses merkwürdig vorkommt? Er muss beim Arbeitsgericht klagen und zwar gem. § 17 TzBfG innerhalb von drei Wochen nach dem vorgesehenen Befristungsende.

Nun zur Lösung zum Fall 26. Dort gab es drei befristete Arbeitsverträge hintereinander. Nach der BAG-Kettenvertrags-Rechtsprechung ist also nur der dritte Vertrag zu prüfen. Eine zulässige Befristung nach § 14 TzBfG ist nach sechs Jahren und keinem ersichtlichen Grund nicht gegeben. Die Befristung ist also unwirksam. Der A steht in einem unbefristetem Arbeitsverhältnis. Aber halt! Gem. § 17 TzBfG muss er dies innerhalb von drei Wochen nach dem ursprünglichen Befristungsende geltend machen.

Zur Befristung des Arbeitsverhältnisses jetzt der Leitsatz 27 mit einer Auflistung aller wichtigen Besonderheiten.

Leitsatz 27

Befristung des Arbeitsverhältnisses

Die Befristung eines Arbeitsverhältnisses ist unter den besonderen Voraussetzungen des **§ 14 TzBfG** zulässig. Es bestehen dort

→ **acht** sog. sachliche Gründe (z.B. vorübergehender Bedarf o. Vertretung)

→ **drei** Sachverhalte (bis zwei Jahre immer; bis vier Jahre bei neuen Betrieben; bis fünf Jahren bei Alter über 52)

Aber **Achtung**:

- Ein Arbeitsvertrag, in dem eine **unzulässige Befristung** vereinbart wurde, gilt als unbefristet.
- Bei „zwei Jahre immer" und „vier Jahre bei neuem Betrieb" darf in den drei Jahren zuvor kein Arbeitsverhältnis bestanden haben.
- Bei **Kettenarbeitsverträgen** ist nur der zeitlich letzte zu prüfen.
- Eine Befristungsabrede muss **schriftlich** erfolgen (§ 14 IV TzBfG).
- Es gilt eine **Dreiwochenfrist** zur gerichtlichen Geltendmachung ab Befristungsende (§ 17 TzBfG).
- Neben dem TzBfG gibt es noch Sachgründe der **Rechtsprechung** und das **WissZeitVG**.

III. Kollektivarbeitsrecht

Lektion 10: Gewerkschaften und Arbeitgeberverbände

Der Grundstein des kollektiven Arbeitsrechts wurde im Frühkapitalismus gelegt. Erinnern wir uns: Die Arbeitsbedingungen waren damals sehr schlecht. Es wurde über 70 Stunden in der Woche gearbeitet, es gab sehr wenig freie Tage und der Arbeitslohn reichte kaum zur Ernährung. Zudem arbeiteten die Menschen ohne jeglichen Schutz an Maschinen, die häufig eine hohe Verletzungsgefahr bargen oder gesundheitsschädigende Abluft produzierten.

Der Staat wollte oder konnte nicht helfen, sodass den Arbeitern nur die Selbsthilfe blieb. Sie schlossen sich zusammen und gründeten – unter sehr großen Schwierigkeiten – die zuerst noch verbotenen Gewerkschaften. Als Gegengewicht und als Verhandlungspartner vereinten sich im Laufe der Zeit die Arbeitgeber in Arbeitgeberverbänden. Der Oberbegriff für Gewerkschaften und Arbeitgeberverbände ist „Koalition".

Nach dem Zweiten Weltkrieg wurden nicht die vielen kleinen Einzelgewerkschaften erneut zum Leben erweckt. Es wurden einige wenige flächenübergreifende Industriegewerkschaften gegründet. Diese Gewerkschaften organisieren die Arbeitnehmer eines gesamten Industriezweigs. Sie richten sich also nicht nach dem speziellen Beruf des einzelnen Arbeitnehmers, sondern nach der Art des Betriebs, in dem dieser tätig ist. Für alle Betriebe, die sich mit der Metallverarbeitung beschäftigen, ist z.B. die IG Metall zuständig. Dies bedeutet, dass die IG Metall außer für die Schlosser auch für die Kantinenarbeitskraft, die Sekretärinnen oder die dort arbeitenden Elektriker zuständig ist. Kurz gesagt: ein Betrieb – eine Gewerkschaft.

Die bedeutendsten Gewerkschaften sind im Deutschen Gewerkschaftsbund (DGB) zusammengefasst. Er besteht derzeit aus acht Einzelgewerkschaften. Siehe dazu die Übersicht 8.

Den Gewerkschaften stehen jeweils eine Vielzahl von regional organisierten Arbeitgeberverbänden gegenüber (über 700). Als ein Beispiel unter vielen ist etwa an den Verband der Metall- und Elektroindustrie e.V. (Nordmetall) zu denken.

Übersicht 8: Gewerkschaften des DGB

- Industriegewerkschaft Bauen – Agrar – Umwelt
- Industriegewerkschaft Bergbau – Chemie – Energie
- EVG – Eisenbahn- und Verkehrsgewerkschaft
- Gewerkschaft Erziehung und Wissenschaft
- Industriegewerkschaft Metall
- Gewerkschaft Nahrung – Genuss – Gaststätten
- Gewerkschaft der Polizei
- Ver.di – Vereinte Dienstleistungsgewerkschaft

Neben den dargestellten großen Gewerkschaften existieren auch kleine Gewerkschaften für Einzelberufe, etwa:

- Gewerkschaft Deutscher Lokomotivführer (GDL)
- Marburger Bund (für Ärzte)
- Vereinigung Cockpit (für Piloten)

Bei Einzelgewerkschaften besteht natürlich immer das Risiko, dass diese den Blick fürs Ganze verlieren. Aus England gibt es das (un-)schöne Beispiel, dass auf den neu eingeführten Elektro-Lokomotiven Heizer ohne jede Aufgabe beschäftigt werden mussten. Dies hatte die Gewerkschaft der Heizer mit einem Streik auf allen Dampfloks durchgesetzt.

In Deutschland gibt es daher die Regelungen des § 4a Tarifvertragsgesetz, wonach in einem Betrieb der Tarifvertrag für alle gilt, der von jener Gewerkschaft abgeschlossen wurde, die am meisten Mitglieder hat. Auf Grund dieser Vorgabe können Einzelgewerkschaften entsprechend wenig durchsetzen.

Fall 27

In einem großen Automobilwerk fühlen sich die Arbeiter am Band 7 von ihrer Gewerkschaft nicht richtig vertreten. Sie sind mit der im Tarifvertrag ausgehandelten Arbeitszeitregelung und auch sonst nicht zufrieden und beschließen, eine eigene Gewerkschaft zu gründen. Sie wollen weitere Mitglieder werben und ggf. mit Streiks für ihre Wünsche kämpfen. Eines Abends treffen sich die Arbeiter in einer Gaststätte, um die Gewerkschaft „Initiative Band Sieben (IB7)" zu gründen. Wie beurteilen Sie diese Zusammenkunft. Gelingt die Gewerkschaftsgründung?

Das Recht, Koalitionen zu bilden, ist heute im Grundgesetz (GG), dort in Artikel 9 III, verankert. Es wird unter dem Stichwort „Koalitionsfreiheit" diskutiert. Dieses Grundrecht garantiert, dass sich freie Gewerkschaften oder Arbeitgeberverbände bilden und betätigen können. Es garantiert auch, dass niemand daran gehindert werden darf, der von ihm gewünschten Koalition beizutreten.

Die Koalitionsfreiheit schließt zudem das Recht ein, sich nicht zu organisieren, also überhaupt keiner Koalition beizutreten. Dies wird mit dem etwas seltsam anmutenden Begriff „negative Koalitionsfreiheit" umschrieben. Niemand darf also gezwungen werden, einer Gewerkschaft beizutreten. Auf Nichtmitglieder darf auch kein entsprechender Druck ausgeübt werden. Eine solche Druckausübung wäre etwa der Abschluss eines Tarifvertrags, der dem Arbeitgeber vorschreibt, bestimmte Vergünstigungen nur den Gewerkschaftlern zuzubilligen. Dies ist unzulässig, da die Nichtmitglieder gezwungen wären, in die Gewerkschaft einzutreten, um in den Genuss der Vorteile zu kommen.

Nicht jede Verbindung von Arbeitnehmern oder Arbeitgebern stellt eine Koalition dar. Die Gewerkschaften oder Arbeitgeberverbände müssen bestimmte Voraussetzungen erfüllen:

Bei dem Verband muss es sich um eine freie, auf Dauer angelegte Vereinigung handeln. Zweck des Verbands muss die Verbesserung der wirtschaftlichen oder sozialen Lage durch Einwirken auf die Gegenseite sein. Um dies ausführen zu können, muss der Verband gegnerfrei sein. (Ein Verband, der sowohl Arbeitgeber als auch Arbeitnehmer als Mitglieder hat, ist deshalb keine Koalition.)

Des Weiteren muss der Verband finanziell und auch sonst unabhängig vom Gegner sein. (Eine Gewerkschaft darf z.B. keine Gelder von der Arbeitgeberseite annehmen.) Eine Koalition darf zudem nicht auf einen Betrieb beschränkt sein. Nur die überbetriebliche Organisation gewährleistet ein gesamtwirtschaftliches und gesamtgesellschaftlich sinnvolles Verhalten.

Als Letztes muss eine Koalition durch ihre Zahl der Mitglieder und ihre Einstellung über eine gewisse Durchsetzungskraft verfügen, damit sie nicht allein vom guten Willen des Gegenspielers abhängig ist.

> ## Leitsatz 28
> **Rechtliche Merkmale einer Koalition**
>
> Eine Koalition ist ein **freier Verband** mit dem Ziel der Verbesserung der wirtschaftlichen oder sozialen Lage seiner Mitglieder. Voraussetzung ist dazu die **Gegnerfreiheit**, die **Unabhängigkeit** und eine **überbetriebliche** Organisation. Zudem muss die Koalition eine gewisse **Durchsetzungskraft** besitzen.

Kommen wir zurück zum Fall 27: Aufgrund der Koalitionsfreiheit des Art. 9 III GG steht der neuen Gewerkschaftsbildung vom Grundsatz her nichts entgegen. Lassen Sie uns nun prüfen, wie es für die „IB7" mit den weiteren Voraussetzungen steht.

Wenn sich die „IB7" nicht in irgendwelche Abhängigkeiten begibt, ist sie unabhängig. Des Weiteren ist sie gegnerfrei, da sie keine Arbeitgeber in ihren Reihen hat. Ferner muss die „IB7" natürlich offen für die Arbeitnehmer aller Betriebe sein, sonst scheitert sie an dem Voraussetzungskriterium „Überbetrieblichkeit".

Fraglich ist allerdings das Merkmal „Durchsetzungskraft". Mit den Arbeitern eines Bandes hat sie sicher kaum Durchsetzungskraft. Da es sich jedoch um eine neue, im Aufbau befindliche Organisation handelt, dürfen die Ansprüche nicht zu hoch angesetzt werden. Da die Arbeiter jedoch gewillt sind, ggf. zu streiken, können wir von der notwendigen Durchsetzungskraft ausgehen.

Sie sehen, wenn sich die „IB7" nicht in eine Abhängigkeit von den Arbeitgebern oder Dritten begibt und zudem die Überbetrieblichkeit anstrebt, steht einer neuen Gewerkschaft nichts entgegen!

Aufgaben der Gewerkschaften und Arbeitgeberverbände

Die Koalitionen spielen heute eine sehr große Rolle in der Gesellschaft. Ihre Hauptaufgabe ist die eigenständige, vom Staat unabhängige Organisation des Arbeitslebens. In erster Linie regeln die Koalitionen dies mithilfe von Tarifverträgen. Die Organisation erfolgt aber auch durch die beratende und unterstützende Tätigkeit ihren Mitgliedern gegenüber und im Rahmen der verschiedenartigen innerbetrieblichen Mitbestimmung. Daneben wirken die Koalitionen intensiv an der die Arbeitswelt betreffenden Gesetzgebung und an der entsprechenden hoheitlichen Verwaltung mit.

Hervorzuheben ist, dass die Gewerkschaften und Arbeitgeberverbände bei allen Gesetzgebungsverfahren, die die Arbeitswelt betreffen, in den beratenden Ausschüssen vertreten sind. Ihre Mitbestimmung erfolgt zudem in vielfältiger Form auf unteren Ebenen. Zu denken ist etwa an die Verfahren zur sog. Allgemeinverbindlichkeitserklärung von Tarifverträgen gem. § 5 Tarifvertragsgesetz (TVG) (Erläuterung erfolgt in der nächsten Lektion) oder zur Einrichtung und Führung des Tarifregisters gem. § 11 TVG. Des Weiteren werden die Koalitionen vor der Ernennung der Präsidenten und Vorsitzenden Richter der Landesarbeitsgerichte gehört (§ 36 ArbGG).

Schließlich nehmen die Koalitionen zahlreiche Vorschlags- und Entsendungsrechte zu gerichtlichen Spruchkörpern oder zu Verwaltungsbehörden (ehrenamtliche Richter, Organe der Bundesagentur für Arbeit) wahr.

> ## Leitsatz 29
> **Gewerkschaften und Arbeitgeberverbände**
>
> **Koalition** ist der gemeinsame Oberbegriff für Gewerkschaften und Arbeitgeberverbände. Die Freiheit ihrer Bildung und des uneingeschränkten Beitritts wird im **Grundgesetz** garantiert (Art. 9 III GG).
>
> Den wenigen überregionalen **Gewerkschaften**, die in der Mehrzahl im Deutschen Gewerkschaftsbund (DGB) zusammengefasst sind, stehen eine Vielzahl von regional orientierten **Arbeitgeberverbänden** gegenüber.
>
> Heutige Hauptaufgabe der Koalitionen ist die eigenständige **Organisation des Arbeitslebens**. Daneben übernehmen sie mitwirkende Aufgaben in der Gesetzgebung und in der hoheitlichen Verwaltung.

Lektion 11: Tarifvertrag

Tarifverträge werden in der Regel zwischen den Gewerkschaften auf der einen und den Arbeitgebern auf der anderen Seite ausgehandelt. Sie regeln damit arbeitsrechtliche Fragen, die Arbeitsbedingungen und insbesondere die Höhe des Arbeitsentgelts.

Tarifverträge nehmen in der Gestaltung des deutschen Arbeitsrechts eine sehr große Bedeutung ein. Allein für Berlin/Brandenburg liegen nach Auskunft des entsprechenden Tarifregister über 20.000 gültige Tarifverträge vor.

Der Tarifvertrag ist unter die privatrechtlichen Verträge einzuordnen und unterliegt daher dem allgemeinen Vertragsrecht des BGB (§§ 145 ff). Seine konkrete Regelung erfährt er in den dreizehn Paragrafen des Tarifvertragsgesetzes (TVG). Warum lesen Sie diese nicht schnell einmal durch und verschaffen sich einen Überblick?

Tariffähig, also in der Lage, einen Tarifvertrag abzuschließen, sind gem. § 2 TVG auf der einen Seite Gewerkschaften und andererseits Vereinigungen von Arbeitgebern, aber auch einzelne Arbeitgeber. Zudem besteht gem. § 2 III TVG die Möglichkeit, dass auch die jeweiligen Spitzenorganisationen Tarifverträge abschließen.

Tarifverträge werden in der Regel über einen Zeitraum von einem oder mehreren Jahren abgeschlossen. Sie enden je nach Vereinbarung mit Zeitablauf oder durch Kündigung. Teile des Tarifvertrags, die Rechtsnormen (Erklärung unten), gelten allerdings nach Ablauf des Tarifvertrags weiter, bis sie durch neue ersetzt werden (§ 4 III TVG). Die Tarifvertragsparteien nutzen ihre Vertragsfreiheit oft, um den Tarifvertrag in einen längerfristigen Mantel- und einen meist jährlich ausgehandelten Lohn- bzw. Gehaltstarifvertrag zu splitten. Dies ist insofern sinnvoll, als verschiedene, meist nichtfinanzielle Punkte eines Tarifvertrags (z.B. Kündigungsfristen) in der Regel nicht der jährlichen Neuverhandlung bedürfen.

Befassen wir uns nun konkret mit dem Inhalt von Tarifverträgen. Er ist in § 1 TVG festgelegt (unbedingt lesen!). Die dort aufgeführten Regelungsbereiche werden zwei unterschiedlichen Ebenen zugeordnet: Der schuldrechtliche Teil regelt die Rechte und Pflichten der Tarifvertragsparteien. Der normative Teil enthält Bestimmungen, die als Rechtsnormen den Inhalt, den Abschluss und die Beendigung von Arbeitsverhältnissen und betriebliche und verfassungsrechtliche Fragen festlegen.

Der weniger bedeutsame schuldrechtliche Teil, auch obligatorische Bestimmungen genannt, regelt das Verhältnis der Parteien des Tarifvertrags untereinander. Es geht also um die Versprechen, die sich Gewerkschaften und Arbeitgeberverbände direkt geben und nicht um jene Vereinbarung, die sie für ihre Mitglieder treffen. Hervorzuheben sind hierbei die Friedenspflicht (sie bezieht sich auf Arbeitskampfmaßnahmen und wird in Lektion 12 behandelt) und die Einwirkungspflicht (sie gebietet den Parteien des Tarifvertrags auf ihre Mitglieder dahin gehend einzuwirken, dass diese die ausgehandelten Bestimmungen einhalten). Beide Pflichten müssen nicht ausdrücklich vereinbart werden, denn sie sind dem Tarifvertrag immanent.

Die Tarifvertragsparteien vereinbaren untereinander zudem auch verschiedene Selbstpflichten, etwa die Einrichtung von Schieds- und Schlichtungsstellen.

Für die Mitglieder von größerem Interesse sind die zwischen den Tarifvertragsparteien ausgehandelten normativen Bestimmungen. Sie regeln – wie gesetzliche Bestimmungen – die Bedingungen der einzelnen Arbeitsverhältnisse und der Situation im Betrieb. Die Normen werden wie folgt differenziert:

a) Inhaltsnormen (§ 4 I TVG) bestimmen den Inhalt des einzelnen Arbeitsverhältnisses. Darunter fallen etwa die Zeit- und Akkordlöhne, die Zulagen (Weihnachtsgeld etc.), der Urlaub oder die Arbeitszeit.

b) Abschlussnormen (§ 4 I TVG) betreffen den Abschluss von Arbeitsverträgen, also die Formvorschriften (Schriftform etc.) oder Abschlussgebote (Wiedereinstellung nach Arbeitskampf).

c) Normen über betriebliche Fragen (Betriebsnormen: § 3 II TVG) bestimmen Regelungen, die den Arbeitgeber zu Maßnahmen verpflichten, die der gesamten Belegschaft oder einer kleineren Gruppe zugute kommen. Dies sind insbesondere die Einrichtung und Unterhaltung von Sozialeinrichtungen, wie etwa Waschmöglichkeiten, Umkleideräume oder Aufenthaltsmöglichkeiten.

d) Betriebsverfassungsrechtliche Normen (§ 3 II TVG) bestimmen einige Fragen der Angelegenheiten der Betriebsverfassung (zur Betriebsverfassung siehe Lektion 13).

e) Normen über gemeinsame Einrichtungen (§ 4 II TVG) regeln Einzelheiten über derartige Einrichtungen. Hier kommen z.B. Zusatzversorgungskassen, überbetriebliche Ausbildungsstätten oder die Benutzung eines Betriebserholungsheims infrage.

Die aufgeführten Normen gelten als materielles Recht zwingend und unmittelbar für die Tarifgebundenen. Sie können also nicht zu Ungunsten des Arbeitnehmers abbedungen werden und erfassen automatisch die entsprechenden Arbeitsverhältnisse.

Günstigkeitsprinzip

Fall 28

Der Arbeitnehmer A vergleicht seinen Arbeits- und Tarifvertrag und stellt dabei interessante Unterschiede fest: Im Arbeitsvertrag sind 28 Tage Urlaub und ein Urlaubsgeld von 15 € pro Tag vereinbart. Sein Tarifvertrag hingegen sieht nur einen Urlaub von 21 Tagen, jedoch ein Urlaubsgeld von 20 € vor. Darüber hinaus unterscheidet sich auch die Höhe des Weihnachtsgeldes. Im Arbeitsvertrag sind 150 € und im Tarifvertrag 300 € vereinbart. A möchte natürlich 28 Tage Urlaub, 20 € Urlaubsgeld und 300 € Weihnachtsgeld haben. Sprechen Sie ihm dies zu?

Ein Tarifvertrag ist – wie dargestellt – zwingend. Der Arbeitgeber darf die dort ausgehandelten Bedingungen nicht unterschreiten. Der Tarifvertrag stellt daher sozusagen die Mindestbedingungen dar. Der Arbeitnehmer darf also weder unter Tarif bezahlt werden, noch dürfen die anderen Arbeitsbedingungen schlechter sein als die des Tarifvertrags. Für den Arbeitnehmer bedeutet dies, dass er, unabhängig davon, wie sein Arbeitsvertrag lautet, immer mindestens die tariflichen Bedingungen erhält. Sind in seinem Arbeitsvertrag bessere Bedingungen vereinbart, so gelten natürlich diese. Es ist nicht Sinn des Tarifvertrags, ihn zu benachteiligen. Der Arbeitnehmer erhält also immer die für ihn besseren Bedingungen. Diese Systematik wird „Günstigkeitsprinzip" genannt.

Liegt der Fall 28 nun klar auf der Hand? Bekommt A, was er sich wünscht? Aufgepasst, so schnell geht das nun auch wieder nicht. A kann sich nicht in allen Punkten nur das Beste herauspicken (Rosinentheorie). Die Regelungen sind immer in ihrem vollständigen Zusammenhang miteinander zu vergleichen. Wir müssen also die Urlaubsregelungen insgesamt nebeneinander stellen. Was ist nun höher zu bewerten? 28 Tage Urlaub mit 15 € Urlaubsgeld (Arbeitsvertrag) oder 21 Tage mit 20 € (Tarifvertrag)? Bei der Bewertung ist nun nicht auf die speziellen Vorlieben des A abzustellen, sondern darauf, wie ein verständiger Mitarbeiter die Regelung einschätzen würde. Dieser würde sicher den Arbeitsvertrag vorziehen. A erhält also seine 28 Tage, jedoch auch nur 15 €.

Anders verhält es sich beim Weihnachtsgeld. Hier handelt es sich um einen eigenständigen Bereich, sodass A die günstigere Lösung, also die 300 € des Tarifvertrags erhält.

Tarifgebundenheit und Allgemeinverbindlicherklärung (AVE)

Fall 29

Der Sekretärin S ist nach über acht Jahren aus betrieblichen Gründen (zu Recht) gekündigt worden. Ihr Arbeitgeber hat dabei die Frist des § 622 I BGB von drei Monaten bis zum 31. August gerade noch eingehalten. Im Tarifvertrag, der für den Betrieb einschlägig ist, wird allerdings eine Kündigungsfrist von drei Monaten zum Quartalsende vorgeschrieben. S würde sich gerne auf diese Kündigungsfrist berufen und so noch zwei Monate länger arbeiten, doch sie ist leider kein Gewerkschaftsmitglied. Erkennen Sie Möglichkeiten, um ihr zu helfen?

Der Tarifvertrag gilt gem. § 3 TVG nur für die Mitglieder der Tarifvertragsparteien. Dies sind die entsprechenden Arbeitgeber und die Gewerkschaftsmitglieder. Grundsätzlich gelten demnach die Vereinbarungen des Tarifvertrags nicht für Arbeitnehmer außerhalb der Gewerkschaft. Dieser Grundsatz ist jedoch sehr durchlöchert.

Zwar steht es dem Arbeitgeber frei, die Nichtmitglieder zu benachteiligen, in der Regel werden die tariflichen Arbeitsbedingungen jedoch auf alle Arbeitnehmer angewandt. Diese Gleichbehandlung ist wohl überlegt: Eine schlechtere Behandlung der Nichtmitglieder würde diese mit dem Wunsch nach den Vorzügen geradezu in die Arme der Gewerkschaften treiben. Im Endergebnis hätte der Arbeitgeber nicht einmal Einsparungen, zudem wären alle Arbeitnehmer in der Gewerkschaft. Eine solche Stärkung des Gegners wollen die Arbeitgeber nun wirklich nicht.

Zum Teil wird der Tarifvertrag auch von Arbeitgeber und Arbeitnehmer direkt zum Bestandteil des Arbeitsvertrags gemacht. Es heißt dann etwa: „Es finden die Regelungen des jeweils gültigen Tarifvertrags Anwendung." Findet sich eine solche Klausel im Arbeitsvertrag, so ist natürlich unerheblich, ob die Arbeitsvertragsparteien in ihren Koalitionen organisiert sind oder nicht.

Des Weiteren gelten gem. § 3 II TVG alle Rechtsnormen, die betriebliche oder betriebsverfassungsrechtliche Fragen regeln, ohnehin für alle Betriebe, in denen der Arbeitgeber tarifgebunden ist. Es wäre nicht praktikabel, hier nach Gewerkschaftszugehörigkeit zu trennen.

Die Frage der Mitgliedschaft ist für Arbeitnehmer und Arbeitgeber völlig unerheblich, wenn ein Tarifvertrag für allgemein verbindlich erklärt wird. In diesem Fall kann sich keine Seite der Geltung entziehen, da der Tarifvertrag automatisch für alle gilt. Die Allgemeinverbindlicherklärung (AVE) ist in der Praxis von großer Bedeutung. So sind derzeit hunderte Tarifverträge allgemein verbindlich. Sie betreffen die Arbeitsverhältnisse von Millionen Arbeitnehmern. Die AVE erfolgt durch den entsprechenden Bundesminister im Zusammenwirken mit den entsprechenden Koalitionen (§ 5 TVG).

Zweck der Allgemeinverbindlicherklärung ist es, der Gefahr entgegenzuwirken, dass auf weiter Flur untertariflich bezahlte Arbeitsverhältnisse geschlossen werden.

Es liegt auf der Hand, dass Arbeitgeber lieber nicht so viel Geld für ihre Arbeitnehmer ausgeben und daher gern untertariflich zahlen würden. Zu diesem Zweck könnten Sie aus den Arbeitgeberverbänden austreten oder gar nicht erst eintreten und so – ungebunden durch den Tarifvertrag – ihre Arbeitnehmer unter Tarif bezahlen. Die tarifgebundenen Arbeitgeber wären dann benachteiligt, da diese mit den höheren Lohnkosten nicht voll konkurrenzfähig wären.

Um einer solchen Situation entgegenzutreten, und alle Arbeitsverhältnisse im Geltungsbereich des Tarifvertrags diesem zu unterwerfen, erfolgt die Allgemeinverbindlicherklärung. Damit werden die Ausgangssituationen im Wettbewerb wieder angeglichen.

Kommen wir nun zu Fall 29: Welche Chancen hat S, in den Genuss der tarifvertraglichen Regelungen zu kommen?

Die erste Möglichkeit, dass der Arbeitgeber den Tarifvertrag freiwillig anwendet, kommt in diesem streitigen Fall wohl kaum infrage. Ihre Chancen bestehen deshalb darin, dass sich entweder die Geltung des Tarifvertrags aus dem Arbeitsvertrag ergibt oder dass der Tarifvertrag für allgemein verbindlich erklärt wurde. Ihre Aussichten stehen damit – statistisch gesehen – allerdings gar nicht so schlecht!

Leitsatz 30

Tarifgebundenheit und Allgemeinverbindlicherklärung (AVE)

Tarifverträge finden im Grundsatz nur für die jeweiligen Mitglieder Anwendung. Dieser Grundsatz ist jedoch sehr verwässert.

1. In den Betrieben erhalten regelmäßig auch die Nichtmitglieder auf **freiwilliger Grundlage** die Tarifvertragsbedingungen.

2. Oft wird die Gültigkeit des Tarifvertrags im **Arbeitsvertrag** festgeschrieben.

3. Betriebliche und betriebsverfassungsrechtliche Normen gelten gem. § 3 II TVG schon in dem Fall, in dem nur der **Arbeitgeber tarifgebunden** ist.

4. Einige Tarife sind vom zuständigen Bundesminister gem. § 5 TVG für **allgemein verbindlich** erklärt worden. Sie gelten damit automatisch für alle Arbeitsverhältnisse im Tarifbereich.

Lektion 12: Arbeitskampf

Arbeitskämpfe sind Auseinandersetzungen, die von Arbeitgebern oder Arbeitgeberverbänden und Arbeitnehmern oder Gewerkschaften gegeneinander um Löhne und sonstige Arbeitsbedingungen geführt werden. Die Seiten bekämpfen sich in erster Linie mit Streik und Aussperrung.

Bei einem Streik weigern sich die Arbeitnehmer, ihre Arbeit zu verrichten. Entweder bleiben sie zu Hause oder sie kommen zum Betrieb, aber arbeiten nicht. Oft werden Streikposten vor den Toren der bestreikten Betriebe aufgestellt. Sie sollen Arbeitswillige (Streikbrecher) veranlassen, sich dem Streik anzuschließen. Dabei müssen sich die Streikposten jedoch davor hüten, Nötigungen zu begehen. Sie müssen z.B. eine Gasse lassen und dürfen keine Tätlichkeiten begehen.

Bei der Aussperrung verweigert der Arbeitgeber seinen Arbeitnehmern den Zutritt zum Betrieb und hindert sie damit an der Aufnahme ihrer Arbeit. Für die Zeit der Aussperrung zahlt er (wie auch für Streikzeiten) keinen Lohn.

Im Arbeitskampfrecht fehlt es fast völlig an gesetzlichen Regelungen. Die rechtlichen Grundsätze beruhen auf gerichtlichen Entscheidungen. Es gilt also das sog. Richterrecht. Im Arbeitskampfrecht dreht sich alles um die eine Frage, ob Arbeitskämpfe ganz oder in ihren einzelnen Maßnahmen rechtmäßig oder ob sie rechtswidrig geführt werden.

Streik

Fall 30

Die Tarifverhandlungen zwischen der Gewerkschaft G und dem entsprechenden Arbeitgeberverband kommen ein wenig ins Stocken. Zwar ist der alte Tarifvertrag schon abgelaufen, in Bezug auf die Lohnhöhe zeichnet sich jedoch immer noch keine Einigung ab. Um ihre Streikbereitschaft zu demonstrieren, ruft die Gewerkschaft ihre Mitglieder zum Streik. Er soll am Vortag des nächsten Verhandlungstermins von 10.00 – 11.00 Uhr durchgeführt werden. Ist dies rechtmäßig?

Fall 31

Gewerkschaft und Arbeitgeberverband schließen nach längeren Verhandlungen einen Tarifvertrag. Dieser sieht neben einer relativ hohen Entgeltsteigerung auch eine neue Arbeitszeitregelung vor. Die Arbeitnehmer AR in der Abfüllanlage einer davon betroffenen Brauerei ärgern sich sehr über die – für sie schlechtere – Arbeitszeitregelung. In ihrer Wut legen sie die Arbeit nieder, um für die alte Arbeitszeitregelung zu streiten.

Der Arbeitgeber droht ihnen daraufhin mit fristlosen Kündigungen. Ist der Arbeitgeber Ihrer Meinung nach dazu berechtigt?

Streik ist die gemeinsam und planmäßig durchgeführte, auf ein bestimmtes Ziel gerichtete Arbeitseinstellung durch eine größere Anzahl von Arbeitnehmern innerhalb eines Betriebs oder eines Gewerbe- oder Berufszweigs, verbunden mit dem Willen, die Arbeit wieder fortzusetzen, wenn der Arbeitskampf beendet ist.

Die grundsätzliche Zulässigkeit von Streiks (wie auch von Aussperrungen) ergibt sich aus Art. 9 III GG. Dort sind die Arbeitskämpfe zwar nicht direkt erwähnt, ihre Statthaftigkeit leitet sich jedoch aus der Bestandsgarantie für Koalitionen ab: Werden Koalitionen erlaubt, so ist dies nur vollständig, wenn auch ihre typische Betätigung, der Arbeitskampf, zulässig ist. Der Streik ist jedoch nicht grundsätzlich für jeden oder jede Gruppierung erlaubt. Die Rechtmäßigkeit unterliegt verschiedenen Anforderungen:

Gestreikt werden darf nur von Tarifparteien, also von Gewerkschaften. Jeder anderen Gruppierung ist dies verboten.

Ziel eines Streiks muss ein neuer Tarifvertrag sein. Für andere, etwa für politische Ziele, darf nicht gestreikt werden.

Ein Streik darf nicht in die Zeit der Friedenspflicht fallen. Aufgrund der Friedenspflicht ist jeder Arbeitskampf während der Laufzeit eines Tarifvertrags verboten.

Zum Streik darf nur als allerletztes Mittel gegriffen werden (Ultima-Ratio-Prinzip). Dies setzt u.a. voraus, dass keine Einrichtung zur Entscheidung des Konflikts mehr besteht und dass alle Möglichkeiten einer friedvollen Einigung ausgeschöpft wurden.

Nun können wir schon die Frage aus Fall 30 lösen. Hervorzuheben ist, dass die Tarifverhandlungen noch nicht abgeschlossen waren. Hat hier die Gewerkschaft G ihre Friedenspflicht verletzt? Nein, dies wäre nur der Fall, wenn der Tarifvertrag – anders als hier – noch nicht ausgelaufen wäre und daher die Friedenspflicht noch bestanden hätte. Der Streik während der laufenden Tarifverhandlungen verstößt jedoch möglicherweise gegen die Pflicht, ihn erst als letztes Mittel (Ultima Ratio) einzusetzen. Dazu müssen Sie wissen, dass kurze Streiks, bis etwa zwei Stunden, während der Tarifverhandlungen als sog. Warnstreiks erlaubt sind. Sie beschleunigen den Abschluss von Tarifverträgen. Der Streik der Gewerkschaft G, der nur eine Stunde dauern soll, verstößt als Warnstreik also nicht gegen das Ultima-Ratio-Prinzip und ist damit zulässig.

Zu besprechen sind nun die Rechtsfolgen eines Streiks.

War der Streik rechtmäßig, so werden die einzelnen Arbeitsverhältnisse zum Ruhen gebracht. Es entfällt gegenseitig die Arbeits- und die Lohnzahlungspflicht. Die Niederlegung der Arbeit durch den Arbeitnehmer ist somit berechtigt. Im Gegenzug entfällt allerdings die Pflicht des Arbeitgebers zur Zahlung des Arbeitsentgelts. Der Ausfall wird den Gewerkschaftsmitgliedern jedoch von ihrer Gewerkschaft ersetzt. Nach Beendigung des Streiks leben die Pflichten der Parteien ohne erneute Maßnahmen wieder auf. Dabei besteht das alte Arbeitsverhältnis fort, es wird nicht etwa ein neues begründet. Kommt es jedoch zu einem unrechtmäßigen Streik, so bestehen neben dem Unterlassungsanspruch auch Schadensersatzansprüche der Arbeitgeber gegen die Gewerkschaft. Sie stützen sich auf die positive Vertragsverletzung und auf § 823 II BGB (eingerichteter und ausgeübter Gewerbebetrieb). Dabei haben die Gewerkschaften entsprechend § 31 BGB das schädigende Verhalten ihrer Organe unmittelbar zu vertreten. Sind Ihnen diese Anspruchsgrundlagen nicht bekannt, so sollten Sie nicht versäumen, diese in einem BGB-Lehrbuch nachzulesen (z.B. BGB – *leicht gemacht*®, Lektion 6).

Der an einem widerrechtlichen Streik beteiligte Arbeitnehmer braucht normalerweise jedoch keine Angst zu haben. Schadensersatzpflichten oder eine Kündigung drohen ihm nicht, da er jedenfalls bei einem gewerkschaftlichen Streik davon ausgehen konnte, dass dieser rechtmäßig war. Bei der Teilnahme am Streik hat er somit im Tatbestands- oder Verbotsirrtum gehandelt.

Anders lag der Sachverhalt jedoch in Fall 31. Hier streiken die Arbeitnehmer AR, ohne von der Gewerkschaft aufgerufen worden zu sein. Sie streikten sogar gegen den Tarifvertrag. Ein solcher Streik ist ein wilder Streik. Die Arbeitnehmer haften voll für ihre Handlungen. Sie machen sich schadensersatzpflichtig und verletzen den Arbeitsvertrag. Ein wilder Streik rechtfertigt damit eine außerordentliche Kündigung. Die Arbeitnehmer können sich nicht auf die Gewerkschaft berufen. Die Drohung des Arbeitgebers mit der fristlosen Kündigung gegen die AR erfolgt also zu Recht, da sie sich an einem wilden Streik beteiligten. Unter Umständen kann sich jedoch eine Gewerkschaft einen wilden Streik zu Eigen machen, insbesondere wenn sie nicht zur gleichen Zeit unter Friedenspflicht steht. Damit verhilft sie den Streikenden ab Übernahme zur Rechtmäßigkeit ihrer Kampfmaßnahmen.

Leitsatz 31

Streik

Streik ist die gemeinsam und planmäßig durchgeführte, auf ein bestimmtes Ziel gerichtete **Arbeitseinstellung** durch eine größere Anzahl von Arbeitnehmern innerhalb eines Betriebs oder eines Gewerbe- oder Berufszweigs, verbunden mit dem Willen, die Arbeit wieder fortzusetzen, wenn der Arbeitskampf beendet ist.

Streiks sind nur rechtmäßig, wenn sie von **Gewerkschaften** zur Durchsetzung der Forderung zum Abschluss eines Tarifvertrags geführt werden. Die Gewerkschaften müssen die **Friedenspflicht** und das **Ultima-Ratio-Prinzip** beachten.

→ Ein **rechtmäßiger** Streik führt zum Ruhen des Arbeitsverhältnisses. Es lebt nach der Beendigung wieder auf.

→ Ein **rechtswidriger** Streik, zu dem die Gewerkschaften aufgerufen haben, führt zu Unterlassungs- und Schadensersatzpflichten der Gewerkschaft. Der Arbeitnehmer hingegen kann sich darauf berufen, er habe geglaubt, der Streik sei rechtmäßig.

Anders verhält es sich jedoch beim **wilden**, nicht von der Gewerkschaft organisierten oder gebilligten **Streik**. Hier ist der Arbeitnehmer selbst voll verantwortlich. Er muss mit Schadensersatzforderungen und einer außerordentlichen Kündigung rechnen.

Aussperrung

Die Aussperrung ist, zumindest von der Theorie her, zu unterteilen in die Angriffs- und die Abwehraussperrung. Die Angriffsaussperrung, eine Aussperrung als Auftakt eines Arbeitskampfes, ist in der Bundesrepublik Deutschland bisher nicht vorgekommen. Die Angriffsaussperrung unterliegt zwar grundsätzlich den gleichen Voraussetzungen wie der Streik. Tatsächlich dürfte sie jedoch nur in sehr extremen Ausnahmefällen jemals rechtmäßig sein. Dies ist aus den im Folgenden aufgezeigten Voraussetzungen für die Abwehraussperrung zu folgern. Die Abwehraussperrung erfolgt als Antwort auf einen Streik. Sie ist nur soweit erlaubt, als von der Arbeitgeberseite das Prinzip der Verhältnismäßigkeit gewahrt wird.

Ziel der Aussperrung muss es sein, die Verhandlungsparität von Gewerkschaft und Arbeitgebern wiederherzustellen. Sie wird in der Regel dadurch gestört, dass die Gewerkschaften nur zu einem Teilstreik, etwa für 20% der Arbeitnehmer eines Tarifgebiets, aufrufen. Dies schwächt die Arbeitgeber typischerweise sehr, da bestreikte und nichtbestreikte Betriebe in eine starke Konkurrenzsituation untereinander gedrängt werden. Hiergegen dürfen sich die Arbeitgeber mit einer Aussperrung bis zur Höhe von etwa 50% der Arbeitnehmer eines Tarifgebiets wehren.

Eine rechtmäßige Aussperrung führt zum Ruhen des Arbeitsverhältnisses. Bei einer rechtswidrigen Aussperrung entsteht ein Anspruch auf Unterlassung. Zudem wird der Arbeitgeber nicht von seiner Lohnzahlungspflicht befreit.

Leitsatz 32

Aussperrung

Ziel einer (Abwehr-)Aussperrung ist die **Wiederherstellung der Verhandlungsparität**. Dabei ist der Grundsatz der Verhältnismäßigkeit zu wahren. Während der Aussperrung kommt das Arbeitsverhältnis nur zum Ruhen. War die Aussperrung rechtswidrig, so besteht ein Anspruch auf Unterlassung und auf Lohnzahlung.

Lektion 13: Betriebsrat

Früher hatten die Arbeitnehmer keinerlei Mitbestimmungsrechte. Es herrschte der Grundsatz: Der Arbeitgeber ist Herr im Haus und er darf bestimmen. Inzwischen haben sich die Arbeitnehmer das Recht erkämpft, in verschiedenen Bereichen des Betriebs mitzuentscheiden oder zumindest bei den Willensbildungsvorgängen beteiligt zu werden.

Es existiert eine Vielzahl von Instrumenten zur Mitbestimmung. Viele davon sind im wichtigsten Gesetz, dem Betriebsverfassungsgesetz (BetrVG, gesprochen: „BetterVauGe") geregelt, einige finden sich in eigenständigen Gesetzen. Im Schlaglicht der Arbeitnehmermitbestimmung steht der Betriebsrat, dessen Aufgaben und Befugnisse im Betriebsverfassungsgesetz geregelt sind. Wir beschäftigen uns dementsprechend in erster Linie mit dieser Institution. Die weiteren Mitbestimmungsmöglichkeiten werden im Anschluss kurz dargestellt.

Der Betriebsrat ist ein Organ der Arbeitnehmer eines Betriebs, das in verschiedenen Angelegenheiten des Betriebs mitwirkt und mitbestimmt.

Er ist, und dies ist sehr ungewöhnlich, weder rechts- noch vermögensfähig. Der Betriebsrat kann also nicht auf Zahlung oder anderes verklagt werden und verfügt über keine eigenen Geldmittel. Seine Beteiligung an gerichtlichen Rechtsstreiten ist damit auf das gesondert geregelte Beschlussverfahren vor den Arbeitsgerichten beschränkt (zum Beschlussverfahren siehe Lektion 14). Alle (erforderlichen) Ausgaben des Betriebsrats muss der Arbeitgeber übernehmen (Bücher, Kopierer, pikanterweise aber auch Rechtsanwaltskosten in Beschlussverfahren gegen ihn). Der Betriebsrat tritt daher dem Arbeitgeber nicht als rechtsgeschäftliche Vertretung der Arbeitnehmer, sondern lediglich zur Geltendmachung von Arbeitnehmerinteressen entgegen.

Der Betriebsrat wird in Betrieben mit mehr als fünf regelmäßig beschäftigten Arbeitnehmern für einen Zeitraum von vier Jahren gewählt (§§ 7 ff BetrVG). Seine Größe ist von der Anzahl der wahlberechtigten Arbeitnehmer abhängig. Bei fünf bis 20 Arbeitnehmern besteht er nur aus einer Person, bei 7.001 bis 9.000 Arbeitnehmern sind es schon 35 Betriebsratsmitglieder. Die genaue Anzahl geht aus § 9 BetrVG hervor. Vergleichen Sie hierzu die Übersicht 9.

Übersicht 9: Anzahl der Betriebsratsmitglieder (§ 9 BetrVG)

Betriebsgröße (Anzahl der wahlberechtigten Arbeitnehmer)	Betriebsratsmitglieder
5 bis 20	1 (Obmann)
21 bis 50	3
51 bis 100	5
101 bis 200	7
201 bis 400	9
401 bis 700	11
701 bis 1.000	13
1.001 bis 1.500	15
1.501 bis 2.000	17
2.001 bis 2.500	19
2.501 bis 3.000	21
3.001 bis 3.500	23
3.501 bis 4.000	25
4.001 bis 4.500	27
4.501 bis 5.000	29
5.001 bis 6.000	31
6.001 bis 7.000	33
7.001 bis 9.000	35

In Betrieben mit mehr als 9.000 wahlberechtigten Arbeitnehmern erhöht sich die Zahl der Mitglieder des Betriebsrats für je angefangene weitere 3.000 Arbeitnehmer um je zwei Mitglieder.

Das Verfahren zur Wahl des Betriebsrats ist außerordentlich kompliziert und formalisiert. Die demokratischen Anforderungen an ein solches Verfahren sind bis in alle Einzelheiten ausformuliert. Es ist daher nur sehr schwer nachzuvollziehen und kaum in allen Einzelheiten zu befolgen. Lesen Sie am besten selbst – es steht in den §§ 14 ff BetrVG und der Wahlordnung (WO) von 2001.

Die Betriebsräte führen ihr Amt unentgeltlich aus (§ 37 I BetrVG). Sie erhalten also keine Vergütung für ihre Tätigkeit. Allerdings sind sie für die Zeit der Amtstätigkeit unter Weiterzahlung der Bezüge von der Arbeit befreit, sodass sie die Betriebsratstätigkeit nicht in ihrer Freizeit ausüben müssen (§ 37 II BetrVG). Sind im Betrieb mehr als 200 Arbeitnehmer beschäftigt, so wird ein kleiner Teil von ihnen völlig von der Arbeit freigestellt (§ 38 BetrVG). Ihre Arbeit, für die sie bezahlt werden, ist dann quasi die Wahrnehmung der Aufgaben des Betriebsrats. Dies ist nicht immer unproblematisch. Insbesondere eine spätere Wiedereingliederung in die Arbeitsabläufe ist oft schwierig. Zur Freistellung sehen Sie bitte die Übersicht 10.

Übersicht 10: Freistellung von Betriebsratsmitgliedern

Betriebsgröße	Anzahl der freizustellenden Betriebsratsmitglieder
200 bis 500	1
501 bis 900	2
901 bis 1.500	3
1.501 bis 2.000	4
2.001 bis 3.000	5
3.001 bis 4.000	6
4.001 bis 5.000	7
5.001 bis 6.000	8
6.001 bis 7.000	9
7.001 bis 8.000	10
8.001 bis 9.000	11
9.001 bis 10.000	12

In Betrieben mit mehr als 10.000 Arbeitnehmern ist für je angefangene weitere 2.000 Arbeitnehmer ein weiteres Betriebsratsmitglied von der beruflichen Tätigkeit freizustellen.

Die Betriebsräte sind (wie schon alle Wahlbewerber und Mitglieder von Organen des Betriebsverfassungsgesetzes) nur sehr schwer kündbar. Eine ordentliche Kündigung ist grundsätzlich unwirksam. Dem Betriebsrat kann jedoch außerordentlich gekündigt werden. Erforderlich ist hierfür allerdings zum einen das Vorliegen eines wichtigen Grundes, der zur Kündigung ohne Einhaltung der Kündigungsfrist berechtigt (vgl. Lektion 8) und zum anderen die Zustimmung des Betriebsrats (§ 15 KSchG und § 103 BetrVG). Diese Zustimmung kann allerdings auch vom Arbeitsgericht ersetzt werden (§ 103 II BetrVG). Diese Möglichkeit ist nicht unwichtig, da die Zustimmung des Betriebsrats zur Kündigung eines ihrer Mitglieder durchaus problematisch ist.

Sinn des besonderen Kündigungsschutzes ist es, den Betriebsräten die Chance zu geben, ihre Arbeit ohne Angst vor Entlassung und damit frei und unabhängig auszuführen.

Das Verhältnis von Betriebsrat und Arbeitgeber ist gekennzeichnet von den Aufgaben, die der Betriebsrat wahrzunehmen hat, und von seinen Möglichkeiten, sich durchzusetzen. Gebot beider Parteien ist es dabei, vertrauensvoll und zum Wohle der Arbeitnehmer zusammenzuarbeiten (§ 2 I BetrVG). Hieraus lässt sich das einfachste Recht des Betriebsrats, das Fragerecht, ableiten. Demnach hat der Betriebsrat das Recht, in allen Dingen, die den Betrieb betreffen, Fragen zu stellen, die der Arbeitgeber auch zu beantworten hat.

Die allgemeinen Aufgaben des Betriebsrats sind in den neun umfangreichen Punkten des § 80 I BetrVG aufgeführt. Demnach hat er etwa darüber zu wachen, dass die zu Gunsten der Arbeitnehmer geltenden Gesetze und Tarifverträge eingehalten werden, oder er muss die Beschäftigung älterer Arbeitnehmer im Betrieb fördern. Lesen Sie die dort aufgeführten Aufgaben nach, sie vermitteln einen guten Überblick!

Die spezielle Mitbestimmung des Betriebsrats lässt sich in vier Bereiche aufteilen. Sie erfolgt

- ▶ in sozialen Angelegenheiten,
- ▶ bei der Gestaltung von Arbeitsplatz, Arbeitsablauf und Arbeitsumgebung,
- ▶ in personellen Angelegenheiten und
- ▶ in wirtschaftlichen Angelegenheiten,

wobei die soziale Mitbestimmung den Kernbereich darstellt.

Die Mitbestimmung in sozialen Angelegenheiten ist in den §§ 87 – 89 BetrVG geregelt. Hier wird unterschieden zwischen einem zwingenden und einem freiwilligen Bereich.

Im Bereich der zwingenden, auch obligatorisch genannten Mitbestimmung kann der Arbeitgeber ohne Zustimmung des Betriebsrats nicht handeln. Kommt keine Einigung zu Stande, so entscheidet eine Einigungsstelle (§ 87 II BetrVG). Sie wird von Arbeitgeberseite und Betriebsrat bei Bedarf gebildet (§ 76 BetrVG).

Die zwingende soziale Mitbestimmung wird in § 87 I BetrVG abschließend aufgezählt. Er enthält insgesamt 13 Punkte, die jeweils umfangreiche Sektionen aufzeigen. Der Betriebsrat hat etwa mitzubestimmen bei Beginn und Ende der täglichen Arbeitszeit einschließlich der Pausen, bei der Verteilung der Arbeitszeit auf die einzelnen Wochentage, bei der Aufstellung des Urlaubsplans und bei der Aufstellung der Grundsätze über das betriebliche Verbesserungsvorschlagswesen. Sehen Sie dazu die Übersicht 11.

Übersicht 11: Die zwingenden Mitbestimmungsrechte in sozialen Angelegenheiten (§ 87 I BetrVG)

1. Fragen der Ordnung des Betriebs und des Verhaltens der Arbeitnehmer im Betrieb

2. Beginn und Ende der täglichen Arbeitszeit einschließlich Pausen sowie Verteilung der Arbeitszeit auf die einzelnen Wochentage

3. vorübergehende Verkürzung oder Verlängerung der betriebsüblichen Arbeitszeit

4. Zeit, Ort und Art der Auszahlung der Arbeitsentgelte

5. Aufstellung allgemeiner Urlaubsgrundsätze und des Urlaubsplans sowie die Festsetzung der zeitlichen Lage des Urlaubs für einzelne Arbeitnehmer, wenn zwischen dem Arbeitgeber und den beteiligten Arbeitnehmern kein Einverständnis erzielt wird

6. Einführung und Anwendung von technischen Einrichtungen, die dazu bestimmt sind, das Verhalten oder die Leistung der Arbeitnehmer zu überwachen

7. Regelungen über die Verhütung von Arbeitsunfällen und Berufskrankheiten sowie über den Gesundheitsschutz im Rahmen der gesetzlichen Vorschriften oder der Unfallverhütungsvorschriften

8. Form, Ausgestaltung und Verwaltung von Sozialeinrichtungen, deren Wirkungsbereich auf den Betrieb, das Unternehmen oder den Konzern beschränkt ist

9. Zuweisung und Kündigung von Wohnräumen, die den Arbeitnehmern mit Rücksicht auf das Bestehen eines Arbeitsverhältnisses vermietet werden, sowie die allgemeine Festlegung der Nutzungsbedingungen

10. Fragen der betrieblichen Lohngestaltung, insbesondere die Aufstellung von Entlohnungsgrundsätzen und die Einführung und Anwendung von neuen Entlohnungsmethoden sowie deren Änderung

11. Festsetzung der Akkord- und Prämiensätze und vergleichbarer leistungsbezogener Entgelte einschließlich der Geldfaktoren

12. Grundsätze über das betriebliche Vorschlagswesen

13. Grundsätze über die Durchführung von Gruppenarbeit

In der Praxis von großem Gewicht ist die in § 87 I Nr. 1 BetrVG festgelegte Mitbestimmung in Fragen der Ordnung des Betriebs. Hiermit sind allerdings nicht die Maßnahmen der arbeitstechnischen Einrichtungen und Organisationen des Betriebs gemeint. Diese liegen allein in den Händen des Arbeitgebers. Zur Ordnung im Sinn des § 87 BetrVG zählt nur die äußere Ordnung des Betriebs sowie das Zusammenwirken und das Verhalten der Arbeitnehmer im Betrieb.

Wir haben also zu differenzieren zwischen Anordnungen und Maßnahmen, die zur ordnungsgemäßen Erbringung der Arbeit notwendig sind und deshalb vom Arbeitgeber allein bestimmt werden und solchen, die die Ordnung des Betriebs im Sinn des § 87 BetrVG betreffen und deshalb mitbestimmungspflichtig sind.

Dazu der **Fall 32**
In einem Werk eines großen Computerherstellers plant die Geschäftsleitung verschiedene Veränderungen für die nächste Zeit.

a) In der Kantine soll ein vegetarisches Essen eingeführt werden.

b) Es wird geplant, auf den Gängen der Verwaltung ein Rauchverbot zu erlassen.

c) Die Anwesenheit der Angestellten soll mittels elektronisch lesbarer Erkennungs-Chips erfasst werden.

d) Die Arbeiter in der großen Montagehalle sollen entsprechend der Arbeitsschutzvorschriften Helme tragen, um gegen fallende Teile geschützt zu sein.

e) Die Getränkeautomaten sollen auch alkoholfreies Bier enthalten.

f) Die erste Reihe des Firmenparkplatzes soll den leitenden Angestellten vorbehalten werden.

g) Am Montageband 1 soll ein neu entwickeltes Computermodell produziert werden.

Was glauben Sie, in welchen Punkten hat der Betriebsrat ein Recht auf Mitbestimmung? Die Frage ist, wie oben dargelegt, welche Maßnahmen zur ordnungsgemäßen Arbeitserbringung notwendig sind (keine Mitbestimmung) und welche nicht (Mitbestimmung).

Kantine und Bier sind sicher zur ordnungsgemäßen Arbeitserbringung nicht notwendig. Auch die Parkplatzfrage, das Rauchverbot und die Form der Arbeitszeiterfassung berühren die Arbeitserbringung nur nebenbei. Diese Punkte unterliegen also alle der Mitbestimmung. Wie steht es jedoch mit der Helmpflicht? Dies ist eine Frage des Gesundheitsschutzes, die – soweit entsprechende Vorschriften den Arbeitgeber zwingen – nicht mitbestimmungspflichtig ist. Anweisungen darüber, welche Geräte am Band 1 produziert werden, gehören in den Bereich des produktionstechnischen Ablaufs. Dieser ist als Voraussetzung zur ordnungsgemäßen Erbringung der Arbeit mitbestimmungsfrei. (Lösung: a, b, c, e, f sind mitbestimmungspflichtig; d, g nicht).

Neben der zwingenden sozialen Mitbestimmung besteht auch der kleine Bereich der freiwilligen sozialen Mitbestimmung. Er wird aufgeführt in § 88 BetrVG und betrifft etwa die Maßnahmen zur Förderung der Vermögensbildung. Geeignete Form für die Einigung zwischen Betriebsrat und Arbeitgeber ist in den meisten Fällen der sozialen Mitbestimmung (und auch sonst) die Betriebsvereinbarung. Arbeitgeber und Betriebsrat treffen dabei eine förmliche Vereinbarung, die als Rechtsnorm unmittelbar auf die Arbeitsverhältnisse einwirkt. Gesetz und Tarifvertrag gehen dem natürlich vor. Die Möglichkeit, Betriebsvereinbarungen abzuschließen, wird in der Praxis sehr rege genutzt. Eine solche Vereinbarung existiert in fast jedem größeren Betrieb. Das Betriebsverfassungsgesetz regelt den Abschluss von Betriebsvereinbarungen in § 77 BetrVG. Sie sind demnach schriftlich niederzulegen, von beiden Seiten zu unterschreiben und vom Arbeitgeber im Betrieb auszulegen. Zur Betriebsvereinbarung zwischendurch der Leitsatz 33.

Leitsatz 33

Betriebsvereinbarung

Die Betriebsvereinbarung ist eine formbedürftige Vereinbarung **zwischen Betriebsrat** und **Arbeitgeber** über Angelegenheiten, die zum Aufgabenbereich des Betriebsrats gehören. Die dort festgelegten Regelungen gelten als Normen direkt für die Arbeitsverträge. Hinter Gesetz und Tarifvertrag treten die Regelungen der Betriebsvereinbarung allerdings zurück.

Die erörterte soziale Mitbestimmung, deren geeignete Regelungsform die Betriebsvereinbarung ist, stellt allerdings noch keinesfalls den gesamten Bereich der Mitbestimmung des Betriebsrats dar. Die Mitbestimmungsrechte erstrecken sich, wie schon aufgeführt, darüber hinaus auch auf die wirtschaftlichen und personellen Angelegenheiten und auf die Gestaltung von Arbeitsplatz und Arbeitsablauf.

Die Rechte des Betriebsrats in Bezug auf die Gestaltung von Arbeitsplatz, Arbeitsablauf und Arbeitsumgebung werden in den §§ 90 und 91 BetrVG beschrieben. Danach verfügt der Betriebsrat über ein umfassendes Unterrichtungs- und Beratungsrecht in Bezug auf Planungen im Betrieb. Dies bezieht sich nicht nur auf Neu-, Um- und Erweiterungsbauten von Fabrikations-, Verwaltungs- und sonstigen betrieblichen Räumen, sondern auch auf die Planung von technischen Anlagen, Arbeitsverfahren und Arbeitsplätzen als solches. Sinn dieser Regelung ist es, bereits im Planungsstadium eine Rücksichtnahme auf die menschliche Gestaltung der Arbeitsplätze zu gewährleisten.

Die Mitbestimmung in personellen Angelegenheiten (§§ 92 – 105 BetrVG) umfasst jene Maßnahmen, die die Personalplanung und -führung des Arbeitgebers betreffen. Die Mitbestimmung fängt an bei der Auswahl und Einstellung der Bewerber (Stichwörter: Fragebogen, Auswahlrichtlinien) und geht über die Berufsbildung bis zur Kündigung. Bedeutend sind hierbei insbesondere die Regelungen zur Kündigung, die wir schon in den Lektionen 8 und 9 erörtert haben.

Die Mitbestimmung in wirtschaftlichen Angelegenheiten (§§ 106 – 113 BetrVG) bezieht sich auf die Bildung eines Wirtschaftsausschusses und auf Betriebsänderungen. Die Bildung des Wirtschaftsausschusses betrifft, anders als die bisher erörterten Mitbestimmungsangelegenheiten, nicht den Betrieb, sondern das Unternehmen (zum Unterschied siehe Lektion 2). In Unternehmen mit mehr als 100 ständigen Arbeitnehmern wird ein Wirtschaftsausschuss gebildet. Dieser hat die Aufgabe, wirtschaftliche Angelegenheiten mit dem Unternehmer zu beraten und die Betriebsräte zu unterrichten (§ 106 I BetrVG). Die Tätigkeit des Wirtschaftsausschusses bezieht sich nicht auf die laufende Geschäftsführung, sondern auf die Angelegenheiten, die das Unternehmen im Wesentlichen berühren (§ 106 II und III BetrVG). Als Beispiele sind etwa die Produktions- und Absatzlage oder die Rationalisierungsvorhaben zu nennen.

Bei geplanten Betriebsänderungen, bei denen die Gefahr wesentlicher Nachteile für die Belegschaft besteht, ist der Betriebsrat vom Arbeitgeber rechtzeitig und umfassend zu unterrichten (§ 111 BetrVG). Damit soll die Möglichkeit eröffnet werden, geeignete Maßnahmen zum Ausgleich oder zur Milderung wirtschaftlicher Nachteile (z.B. Sozialplan) zu treffen. Zusammenfassend lässt sich feststellen, dass die Freiheit des Arbeitgebers zur Organisation und Führung seines Betriebs von einem engmaschig gewebten Netz von Mitbestimmungsrechten überzogen ist, das die Rechte und Befugnisse der Arbeitnehmer sichern soll. Nicht nur im Bereich der personellen Entscheidungen, sondern auch in der Planung und bei der Ausgestaltung der Arbeitsplätze und der Sozialeinrichtungen ist der Betriebsrat einzuschalten. Auch wenn oft kein zwingendes Mitbestimmungsrecht, sondern nur eine Informations- oder Anhörungspflicht besteht, so ist die Betriebsleitung doch daran gehindert, Veränderungen, Neuerungen oder aber auch Verbesserungen vorzunehmen, ohne sich mit dem Betriebsrat in Verbindung zu setzen.

Leitsatz 34

Mitbestimmung des Betriebsrats

Die **allgemeinen Aufgaben** des Betriebsrats bestehen insbesondere aus Eingliederungsfunktionen und dem Wachen über der Einhaltung der für die Arbeitnehmer günstigen Normen im Betrieb (§ 80 BetrVG).

Die Mitbestimmung des Betriebsrats erfolgt in **sozialen, personellen und wirtschaftlichen Angelegenheiten** sowie bei der **Gestaltung der Arbeitsplätze** (§§ 87 ff BetrVG). Zum Teil besteht ein zwingendes Mitbestimmungsrecht, zum Teil braucht der Betriebsrat nur rechtzeitig informiert oder angehört zu werden.

Die verschiedenen Mitbestimmungsrechte sind insgesamt so umfassend, dass dem Betriebsrat damit ein **weit greifendes Mittel** zur Kontrolle der Entscheidungen des Arbeitgebers an die Hand gegeben wurde.

Weitere Einrichtungen des Betriebsverfassungsgesetzes

Wie schon einleitend angedeutet, beschränkt sich das Betriebsverfassungsgesetz nicht nur auf die Institution des Betriebsrats. Daneben bestehen verschiedene weitere Einrichtungen der Arbeitnehmermitbestimmung. Sie werden im Folgenden kurz vorgestellt:

Angelegenheiten, die den Betrieb und seine Mitarbeiter unmittelbar betreffen, können auf einer Betriebsversammlung diskutiert werden (§§ 42–46 BetrVG). An ihr nehmen alle Arbeitnehmer eines Betriebs teil.

In Unternehmen, in denen mehrere Betriebsräte (in mehreren Betrieben) bestehen, ist ein Gesamtbetriebsrat einzurichten (§§ 47–53 BetrVG). In diesen Unternehmen ist auch eine Betriebsräteversammlung einzuberufen (§ 53 BetrVG). Auf der Betriebsräteversammlung treffen sich ausgesuchte Mitglieder der einzelnen Betriebsräte, um sich zu informieren.

Existiert ein Konzern im Sinn des Aktiengesetzes (§ 18 AktG), kann ein Konzernbetriebsrat gebildet werden, der für die Belange, die den Konzern oder mehrere Konzernunternehmen betreffen, zuständig ist (§§ 54–59 BetrVG).

Das Betriebsverfassungsgesetz kennt auch eine gesonderte Jugend- und Auszubildendenvertretung (§§ 60–71 BetrVG). Die JAV soll die besonderen Belange der jugendlichen Arbeitnehmer wahrnehmen. Die Organisationsform der Jugend- und Auszubildendenvertretung lehnt sich an die des Betriebsrats an. Gem. § 71 BetrVG kann eine Jugend- und Auszubildendenversammlung einberufen werden. Weiterhin kann es zu einer Gesamt- oder Konzern-Jugend- und Auszubildendenvertretung kommen (§§ 72, 73b BetrVG).

Nicht im Betriebsverfassungsgesetz, aber hier inhaltlich passend, finden sich im neunten Buch des Sozialgesetzbuch (SGB IX) die Regelung der Schwerbehindertenvertretung. Die SBV hat nach §§ 176 ff die Aufgabe, die Eingliederung schwerbehinderter Menschen zu fördern, deren Interessen zu vertreten sowie beratend und helfend zur Seite zu stehen.

Arbeitnehmermitbestimmung neben dem Betriebsverfassungsgesetz

Das Betriebsverfassungsgesetz gilt nicht in Betrieben des Bundes, der Länder, der Gemeinden und sonstiger Körperschaften, Anstalten und Stiftungen des öffentlichen Rechts (etwa in Rundfunkanstalten). Doch auch in diesen Institutionen verfügen die Beschäftigten über Mitbestimmungsrechte. Sie werden von den Bundes- und Länderpersonalvertretungsgesetzen festgelegt. Vertreten werden die Beschäftigten hier nicht von einem Betriebsrat, sondern von der Personalvertretung.

Die Regelungen der verschiedenen Personalvertretungsgesetze sind – außer im Anwendungsbereich – weitgehend übereinstimmend mit denen des Betriebsverfassungsgesetzes, zum Teil sind sie sogar wörtlich übernommen worden. Die Unterschiede beschränken sich etwa auf eine kürzere Amtszeit der Vertreter oder in der Einrichtung einer Stufenvertretung in mehrstufigen Verwaltungen.

Die Unternehmensmitbestimmung zerfällt in drei unterschiedliche Bereiche:

- Montanmitbestimmung
- Drittelbeteiligungsgesetz
- Mitbestimmungsgesetz

Hierzu nun im Einzelnen.

Die Montanindustrie (Kohlen-, Eisenhütten- und Stahlindustrie) kennt seit 1951 eine sehr intensive Form von Mitbestimmung. Hier besteht u.a. der Aufsichtsrat aus gleichen Teilen von Vertretern der Arbeitgeber- und Arbeitnehmerseite. Hinzu kommt, zur Schaffung einer Entscheidungsfähigkeit, lediglich ein von der Mehrheit der Mitglieder gewähltes weiteres Mitglied. Es herrscht also eine echte Parität. Entscheidende Gesetze sind das Montanmitbestimmungsgesetz (Montan-MitbestG) von 1951 und das Montanmitbestimmungsergänzungsgesetz (MitbestErgG) von 1956.

Das Drittelbeteiligungsgesetz (DrittelbG), regelt die Mitbestimmung in Kapitalgesellschaften (Aktiengesellschaften, Gesellschaften mit beschränkter Haftung etc.) die zwischen 500 und 2.000 Arbeitnehmer beschäftigen. Dort besteht der Aufsichtsrat nur zu einem Drittel aus Vertretern der Arbeitnehmerseite (§ 4 DrittelbG).

Das Mitbestimmungsgesetz (MitbestG) aus dem Jahr 1976 regelt die Arbeitnehmermitbestimmung für Kapitalgesellschaften, die mehr als 2.000 Arbeitnehmer haben. Der Aufsichtsrat besteht wie im Montanbereich auch hier zu gleichen Teilen aus Vertretern der Arbeitgeber- und Arbeitnehmerseite. Die Entscheidungsfähigkeit wird hier jedoch durch ein doppeltes Stimmrecht des Vorsitzenden gewährleistet. Dieser wird allerdings, was die gleichberechtigte Mitbestimmung ausschließt, letztlich von den Arbeitgebern gestellt.

Von Bedeutung in diesem Zusammenhang ist auch das unglücklich bezeichnete Mitbestimmungs-Beibehaltungsgesetz (MitbestBeiG) aus dem Jahre 1994. Es soll den Schwund der Mitbestimmung im Rahmen der Europäisierung der wirtschaftlichen Verflechtungen entgegentreten. Es geht den Weg über Steuererleichterungen und betrifft den Fall, dass ein hiesiges Unternehmen aus der Mitbestimmung fallen würde, weil es – sehr clever – Teile (z.B. Betriebe) an ausländischen Unternehmen (die ihm irgendwie selbst gehören) abgibt. Es geht natürlich um das Sinken der dann maßgeblichen Beschäftigungszahlen. Nach dem MitbestBeiG können dann aber Steuererleichterungen nur in Anspruch genommen werden, wenn die Mitbestimmung trotzdem beibehalten wird.

Übersicht 12: Arbeitnehmermitbestimmung im BetrVG

Die Einrichtungen des Betriebsverfassungsgesetzes

- **Betriebsrat**
 (§§ 7 – 41 BetrVG)

- Betriebsversammlung
 (§§ 42 – 46 BetrVG; für alle Arbeitnehmer eines Betriebs)

- Gesamtbetriebsrat
 (§§ 47 – 53 BetrVG; in mehreren Betrieben)

- Betriebsräteversammlung
 (§ 53 BetrVG; in mehreren Betrieben)

- Konzernbetriebsrat
 (§§ 54 – 59 BetrVG; in Konzernen im Sinne des Aktiengesetzes [§ 18 AktG])

- Jugend- und Auszubildendenvertretung
 (§§ 60 – 70 BetrVG; für die besonderen Belange der jugendlichen Arbeitnehmer)

- Jugend- und Auszubildendenversammlung
 (§ 71 BetrVG; für alle Jugendlichen und Auszubildenden)

- Gesamt- oder Konzern-Jugend- und Auszubildendenvertretung
 (§§ 72 – 73b BetrVG)

Übersicht 13: Weitere Arbeitnehmermitbestimmung

Die Arbeitnehmermitbestimmung neben dem Betriebsverfassungsgesetz

- **Personalvertretung**
  (verschiedene Bundes- und Länderpersonalvertretungsgesetze; in Betrieben des Bundes, der Länder, der Gemeinden und sonstiger Körperschaften, Anstalten und Stiftungen des öffentlichen Rechts, mit dem Betriebsrat vergleichbar)

- **Unternehmensmitbestimmung**
  - Montanmitbestimmung
    (Montan-MitbestG von 1951, MitbestErgG von 1956; Bildung eines echt paritätisch besetzten Aufsichtsrats)

  - Drittelbeteiligungsgesetz (DrittelbG)
    (betrifft Kapitalgesellschaften (AG, GmbH etc.) die zwischen 500 und 2.000 Arbeitnehmer beschäftigen)

  - Mitbestimmungsgesetz (MitbestG)
    (Für Kapitalgesellschaften mit mehr als 2.000 Arbeitnehmern; Bildung eines paritätischen Aufsichtsrats, bei dem der vorsitzende Arbeitgebervertreter allerdings über ein entscheidendes doppeltes Stimmrecht verfügt)

  Europäische **Mitbestimmungs-Beibehaltung**: Das Mitbestimmungs-Beibehaltungsgesetz (MitbestBeiG) betrifft Unternehmen, die durch Abgabe von z.B. Betrieben ins europäischen Ausland unter die Mitbestimmungszahlen fallen. Hier droht die Steuerkeule. Erleichterungen bleiben nur bei Beibehaltung der Mitbestimmung.

IV. Arbeitsgerichte

Lektion 14: Arbeitsgerichtliche Verfahren

Fall 33
Aus heiterem Himmel erhält Ihr Freund A von seinem Arbeitgeber eine Kündigung. Sie erkennen – nachdem Sie dieses Buch bis hierher studiert haben – dass die Kündigung möglicherweise nicht „in Ordnung" ist und raten ihm, dagegen anzugehen. Aber vor welchem Gericht? Braucht er einen Anwalt? Wie wird das Verfahren ablaufen?

Das arbeitsrechtliche Verfahren läuft nicht, wie oft vermutet, vor den ordentlichen Gerichten ab (Amtsgericht, Landgericht etc.), sondern vor der eigenständigen Arbeitsgerichtsbarkeit.

Die Arbeitsgerichtsbarkeit gliedert sich in drei deutsche Instanzen und den Europäischen Gerichtshof:

- die Arbeitsgerichte (ArbG)
- die Landesarbeitsgerichte (LAG)
- das Bundesarbeitsgericht in Erfurt (BAG)
- der Europäische Gerichtshof in Luxemburg (EuGH)

Auch für das Verfahren vor der Arbeitsgerichtsbarkeit gilt grundsätzlich die Zivilprozessordnung (ZPO). Sie wird jedoch durch das Arbeitsgerichtsgesetz (ArbGG) in einigen Punkten abgeändert.

In den deutschen Arbeitsgerichten urteilen nicht nur Berufsrichter, sondern auch ehrenamtliche Richter. Dabei handelt es sich um interessierte Personen aus den Kreisen der Arbeitgeber und Arbeitnehmern. Sie werden auf Dauer von jeweils fünf Jahren berufen (§§ 20, 37, 43 ArbGG).

Berufsrichter und ehrenamtliche Richter sitzen in den Spruchkörpern zusammen: Die Kammern der Arbeits- und der Landesarbeitsgerichte bestehen aus einem Berufsrichter und je einem ehrenamtlichen Richter aus den Kreisen der Arbeitgeber und Arbeitnehmer (§§ 16 ff und 35 ff ArbGG).

Die Senate der Bundesarbeitsgerichte setzen sich aus drei Berufsrichtern und zwei ehrenamtlichen Richtern zusammen (§§ 41 ff ArbGG).

Vor den Arbeitsgerichten kann sich jeder selbst vertreten. Zu diesem Zweck haben viele Arbeitsgerichte eine Rechtsantragsstelle eingerichtet, die jeden Morgen geöffnet hat und in der eine geschulte Kraft die Wünsche des Besuchers in eine geeignete Form (z.B. Klage) bringt. Selbstverständlich kann man sich am Arbeitsgericht auch durch einen Rechtsanwalt vertreten lassen (allerdings auf eigene Kosten, s.u.). Als drittes besteht auch die Möglichkeit, einen Vertreter einer Gewerkschaft, eines Arbeitgeberverbandes oder eines Gleichbehandlungsvereins mit der Prozessvertretung zu beauftragen. Diese dritte Möglichkeit wird in der Praxis oft von den Gewerkschaftsmitgliedern genutzt, für die die Vertretung dann in der Regel kostenfrei ist.

Das Gesagte gilt auch für die Landesarbeitsgerichte mit der Ausnahme, dass die eigene Vertretung und die durch einen Gleichbehandlungsverein dort ausgeschlossen ist. Vor dem Bundesarbeitsgericht sind schließlich nur noch Rechtsanwälte (bzw. Vertreter mit gleicher Ausbildung) vertretungsberechtigt.

Geregelt wird die Prozessvertretung in § 11 ArbGG, den Sie wegen der exakten Ausformulierung noch einmal lesen sollten. Die Prozessführung im Arbeitsgerichtsverfahren ist kostengünstiger und problemloser als vor der Zivilgerichtsbarkeit. Zum einen sind die Gerichtsgebühren niedriger und es brauchen bei Klageeinreichung (und auch sonst) keine Kostenvorschüsse entrichtet zu werden (§ 11 GKG). Zum anderen braucht der Unterlegene in der ersten Instanz nicht die Prozessvertretungskosten (Anwaltskosten etc.) des Gegners zu erstatten (§ 12a ArbGG). Vor dem Arbeitsgericht trägt also jede Partei die Kosten ihrer Vertretung selbst.

Das Verfahren vor dem Arbeitsgericht beginnt mit einer Besonderheit: Der Vorsitzende Richter setzt zügig die sehr wichtige Güteverhandlung an. Ziel dieser Verhandlung, die ohne ehrenamtliche Richter durchgeführt wird, ist es, zwischen den Parteien einen Vergleich zu finden. Zu diesem Zweck wird dort das gesamte Streitverhältnis unter freier Würdigung aller Umstände erörtert (§ 54 ArbGG). Es kommt häufig vor, dass in der Güteverhandlung ein Vergleich erlangt wird. Damit ist der Prozess dann sehr schnell beendet.

Doch auch wenn kein Vergleich gefunden wird, soll das Verfahren beschleunigter ablaufen als der normale Zivilprozess. Das arbeitsrechtliche Verfahren kennt den sog. Grundsatz der Beschleunigung (§ 9 I ArbGG). Demnach ist das Verfahren in allen Rechtszügen zu beschleunigen. Die Umsetzung dieses Grundsatzes erfolgt mithilfe vieler kleiner Regelungen, etwa mit dem Verzicht auf Zeit raubende Kostenvorschuss-Auflagen vor der Bearbeitung (§ 11 GKG).

Zusammenfassend können wir feststellen, dass das arbeitsgerichtliche Verfahren relativ kostengünstig und unkompliziert abläuft.

Ihren Freund aus unserem Einstiegsfall 33 können Sie nun besser beraten. Sein Prozess wird vor dem Arbeitsgericht laufen. Er benötigt nicht unbedingt einen Anwalt, das Verfahren wird mit einer Güteverhandlung beginnen und dann ggf. beschleunigt durchgezogen.

Vergessen Sie aber nicht, Ihren Freund auf die kurze Frist, innerhalb der die Kündigungsschutzklage einzureichen ist, hinzuweisen (§§ 4, 13 I KSchG; vgl. Lektion 7 f). Sind die drei Wochen erst einmal verstrichen, so kann auch ein Anwalt nur sehr selten helfen.

EuGH

Der Europäische Gerichtshof hat sich inzwischen zu einer vierten Instanz im Arbeitsrecht entwickelt. Nach Art. 19 Abs. 1 Satz 2 EUV sichert er „die Wahrung des Rechts bei der Auslegung und Anwendung der Verträge" und damit auch der arbeitsrechtlichen Verträge.

Der EuGH besteht aus einem Richter je Mitgliedstaat. Er hat nach dem Bundesarbeitsgericht also die allerletzte Stimme. Dieser nutzt diese auch z.B. in Fragen des Urlaubs, von Altersgrenzen oder internationalen Zuständigkeiten.

Beschlussverfahren

Neben dem bisher besprochenen Urteilsverfahren kennt das Arbeitsrecht das Beschlussverfahren (§§ 80 ff ArbGG). Es dient vor allem der Entscheidung betriebsverfassungsrechtlicher und anderer mitbestimmungsrechtlicher Angelegenheiten. Dementsprechend stehen sich dort in der Regel Betriebsrat und Arbeitgeber gegenüber.

Eingeleitet wird das Beschlussverfahren nicht durch eine Klage, sondern durch einen Antrag (§ 81 ArbGG). Der streitige Sachverhalt wird dann von Amts wegen aufgeklärt (§ 83 ArbGG). Während also im normalen Verfahren die Parteien für die Beibringung des vollständigen Sachverhalts verantwortlich sind, ist es hier das Gericht. Dieses kann daher auch von sich aus Beweis erheben (§ 83 II ArbGG).

Des Weiteren kommt es nicht zu einer streitigen Verhandlung, sondern lediglich zu einem Anhörungstermin (§ 83 IV ArbGG). Entschieden wird dann ggf. durch einen „Beschluss" und nicht durch ein Urteil. (Dieser Tatsache verdankt das Verfahren seinen Namen.)

Letztlich ist für uns von Interesse, dass gem. § 2 II GKG keine Gerichtskosten erhoben werden. Damit ist das Beschlussverfahren für die Beteiligten kostenlos, soweit ihnen nicht Kosten durch ihre Vertretung entstehen.

Übersicht 14: Aufbau der Arbeitsgerichtsbarkeit

	1. Instanz	2. Instanz	3. Instanz
Gerichte	Arbeitsgerichte	Landesarbeitsgerichte	Bundesarbeitsgericht (in Erfurt)
Abkürzung der Gerichte	ArbG <Ort> (z.B. ArbG Berlin)	LAG <Zusatz> (z.B. LAG Hessen)	BAG
Bezeichnung der Entscheidungsgremien	Kammer	Kammer	Senat
Zusammensetzung	Ein Berufsrichter und zwei ehrenamtliche Richter (§§ 16 ff ArbGG)	Ein Berufsrichter und zwei ehrenamtliche Richter (§§ 37 ff ArbGG)	Drei Berufsrichter und zwei ehrenamtliche Richter (§§ 41 ff ArbGG)
Prozessvertretung (§ 11 ArbGG)	selbst oder durch Vertreter: a) Vertreter von Gewerkschaften, Arbeitgeberverbänden u.Ä. b) Rechtsanwälte	nur durch Vertreter: a) Vertreter von Gewerkschaften, Arbeitgeberverbänden u.Ä. b) Rechtsanwälte	nur durch Rechtsanwälte oder Vertreter mit gleicher Ausbildung

4. Instanz

Über den drei deutschen Instanzen steht der **Europäische Gerichtshof** (EuGH). Er entscheidet mit einer Zusammensetzung von drei oder fünf Richtern.

A

Abmahnung	
vor Kündigung	53, 63 f
AGB (Allgemeine Geschäftsbedingungen)	30 f
Allgemeinverbindlichkeitserklärung	81 f
Änderungskündigung	59 f
Anfechtung	22 f, 71
Angestellte	
– Definition	15 f
– Leitende Angestellte	15 ff
Arbeiter	15 ff
Arbeitgeber	5, 10 f
Arbeitgeberverbände	77 ff
Arbeitnehmer	7 ff
Arbeitnehmerhaftung	36 ff
Arbeitsgerichte	107 ff
Arbeitsgerichtsverfahren	107 ff
Arbeitskampf	83 ff
Arbeitsrechtliche Praxis (AP)	6
Arbeitsvertrag	18 ff
Arbeitszeit	35
Art der Arbeitsleistung	34 f
Aufhebungsvertrag	69 ff
Ausschreibung einer Arbeitsstelle	20 f
Aussperrung	88
Austauschverhältnis	33

B

BAGE	6
Beamte	11
Befristung des Arbeitsvertrages	72 f
Beschlussverfahren	109
Besonderer Kündigungsschutz	54 f, 68 f
Betrieb	11 ff
Betriebsrat	93 ff
Betriebsräteversammlung	102
Betriebsratsanhörung	
vor Kündigung	56 ff, 66
Betriebsvereinbarung	100
Betriebsversammlung	102
Bundesarbeitsgericht	107 ff

D

Der Betrieb (DB)	5
Dienstvertrag	18 ff
Diskriminierung	20 f, 24

E

Ehegatten	10
Ehrenamtliche Richter	107
Einstellung	19 ff
Einstellungsfragebogen	23 ff
Einstellungsgespräch	23 ff
Entgeltzahlungspflicht	40 f
Europäischer Gerichtshof	109 ff

F

Faktisches Arbeitsverhältnis	28
Fremdbestimmte Arbeit	7 ff, 11
Friedenspflicht	83
Fürsorgepflicht	42 ff

G

Generalvollmacht	15
Gesamtbetriebsrat	102
Gesellschafter	10
Gewerkschaften	77 ff
Gleichbehandlungspflicht	42 f
Gratifikationen	41
Günstigkeitsprinzip	84

Sachregister

Güteverhandlung 108

H
Haftung des Arbeitnehmers 36 ff

I
Individualarbeitsrecht 6, 18 ff
Industriegewerkschaften 77

J
Jugend- und
 Auszubildendenvertretung 103

K
Kettenarbeitsverträge 75
Kinder 10
Koalition 77 f
Koalitionsfreiheit 79
Kollektivarbeitsrecht 6, 77 ff
Konzern 13 f
Konzernbetriebsrat 103
Kündigung
– Abmahnung 51
– Änderungskündigung 60 f
– Außerordentliche
 Kündigung 61 ff
– Betriebsbedingte
 Kündigung 59 ff
– Betriebsratsanhörung 56 ff
– Krankheit 51
– Ordentliche Kündigung 45 ff
– Personenbedingte
 Kündigung 51 ff
– Schutz für
 Betriebsratsmitglieder 54, 66
– Schutz für Schwer-
 behindertenvertreter 54
– Schutz für Jugendvertreter 54
– Verhaltensbedingte
 Kündigung 51 ff
– Treu und Glauben 55
Kündigungsfristen 46 ff
Kündigungsschutzgesetz 48 ff

L
Landesarbeitsgerichte 107 ff
Lohnzahlungspflicht 40 f

M
Mindestlohn 40 f
Mitbestimmung 93 ff
Montanmitbestimmung 103
Mutterschutz 54 f

N
Nichtigkeit des
 Arbeitsvertrags 27 f
NJW (Neue Juristische
 Wochenschrift) 5 f
NZA (neue Zeitschrift für
 Arbeitsrecht) 5

R
Rechtsantragsstelle 108
Repräsentationspflicht 36

S
Schwangerschaft 54 f
Schwerbehindertenschutz
 52 ff, 58 f, 66 ff

Schwerbehindertenvertretung	103
Selbstständige	7, 9
Sozialauswahl	52 f
Streik	88 ff

T

Tariffähigkeit	82
Tarifgebundenheit	85 ff
Tarifvertrag	82 ff
Teilzeitarbeit	73 f
Treuepflicht	35 f

U

Unternehmen	11 f
Unternehmensmitbestimmung	103

Urlaub	7, 19, 43 f, 74, 83, 97

V

Vorstandsmitglieder	10 f
Vorstellungsgespräch	19 ff

W

Warnstreik	90
Weihnachtsgeld	41
Weisungsgebundenheit	8 f
Wilder Streik	91

Z

Zeugnis	44

leicht gemacht ®

▶ Das Arbeitsrecht-Duo

Arbeitsrecht – *leicht gemacht* ®

Eine Darstellung mit praktischen Fällen:
Verständlich – kurz – praxisorientiert

von Richter am AG Peter-Helge Hauptmann

Hier vermittelt ein erfahrener Richter unser Arbeitsrecht lebendig und verständlich mit praxisnahen Beispielen. Aus dem Inhalt:

- Einstellung, Arbeitsvertrag, Pflichten
- ordentliche und außerordentliche Kündigung
- Betriebsrat, Gewerkschaften, Arbeitgeber

Ein Erfolgsbuch. Eingängig strukturiert durch Leitsätze und Übersichten werden Grundlagen, Basiswissen und mehr erläutert. Mit konkreten Prüfschemata für die ordentliche und außerordentliche Kündigung.

BetrVG – *leicht gemacht* ®

Das Betriebsverfassungsgesetz: Verständlich – kurz – praxisorientiert

von Rechtsanwalt und Fachanwalt für Arbeitsrecht Arno Schrader

Hier wird das Betriebsverfassungsgesetz mittels vieler Beispiele, Übersichten und Leitsätze lebendig und verständlich dargestellt. Aus dem Inhalt:

- Wahl des Betriebsrats
- Rechte und Pflichten des Betriebsrats
- Einstellungen, Versetzungen, Kündigungen
- Betriebsvereinbarungen
- Arbeitsgericht und Einigungsstelle

Serviceteil: Ablaufschema Betriebsratswahl, Rechte des Betriebsrats in 7 Übersichten.

leicht gemacht ®

▶ Das Wirtschafts-Duo

Gesellschaftsrecht – *leicht gemacht* ®

Das Recht der Personen- und Kapitalgesellschaften für Studierende an Universitäten, Hochschulen und Berufsakademien

von Richter am AG Robin Melchior

In bewährt fallorientierter Weise vermittelt ein erfahrener Richter die juristischen Grundlagen. Aus dem Inhalt:

- Personengesellschaften (GbR, OHG, KG ...)
- Kapitalgesellschaften (GmbH, UG, AG ...)
- juristische Personen (Verein, VVaG, Stiftung ...)
- europäische Rechtsformen (SE, EWIV, SCE ...)
- Zweigniederlassungen, Konzerne, Umwandlungen

Ein Lehrbuch, das die sprichwörtlichen sieben Siegel des Gesellschaftsrechts löst.

Ihr Plus: 32 Übersichten und 5 Prüfschemata!

Wirtschaftsrecht – *leicht gemacht* ®

Das Recht der Wirtschaft für Studierende an Universitäten, Hochschulen und Berufsakademien

von Richter am AG Robin Melchior

In der bewährt fallorientierten Weise vermittelt ein erfahrener Richter die Organisation von Unternehmen und das Recht der Kaufleute:

- Gesellschaftsrecht, Jahresabschluss, Steuern
- Vertragsrecht, Marketing, Finanzen
- Beteiligungen, gewerblicher Rechtsschutz
- Arbeitsrecht, Verwaltungsrecht, Gewerberecht
- Kartellrecht, Europarecht u.v.m.

Ihr Plus: 32 Übersichten und 28 Leitsätze!

leicht gemacht ®

▶ Das Starter-Set

Jura – *leicht gemacht* ®
Die Grundlagen des juristischen Studiums

BGB – *leicht gemacht* ®
Erfolg bei der BGB-Prüfung: Eine Schulung für Jura und Wirtschaftsstudenten. Gesamtauflage über 1 Million.

HGB – *leicht gemacht* ®
Der perfekte Einstieg ins Handels-, Gesellschafts- und Wertpapierrecht: Eine Schulung für Jura- und Wirtschaftsstudenten. Schon über 22 Auflagen.

Verwaltungsrecht – *leicht gemacht* ®
Der perfekte Einstieg in das Allgemeine und Besondere Verwaltungsrecht: Eine Schulung für Studierende an Universitäten, Hochschulen und Berufsakademien

Staatsrecht – *leicht gemacht*
Das Staats- und Verfassungsrecht für Studierende an Universitäten, Hochschulen und Berufsakademien

Strafrecht – *leicht gemacht* ®
Prüfungserfolg im Strafrecht: Allgemeiner und Besonderer Teil des StGB. Schon über 16 Auflagen.

Klausuren schreiben – *leicht gemacht* ®
Aufbau und Form der juristischen Klausur. Schon über 18 Auflagen.

leicht gemacht ®

▶ Die Erfolgsbücher

BGB – *leicht gemacht* ®

Erfolg bei der BGB-Prüfung. Ein Lehrbuch für Jura- und Wirtschaftsstudenten

von Dr. Heinz Nawratil und Richter am AG Dr. Peter-Helge Hauptmann

Eines der erfolgreichsten Bücher zur Einführung in das Bürgerliche Recht:

- Generationen von Jurastudenten haben den Einstieg in das Fach gefunden
- Generationen Wirtschaft-Studierender wurden zur erfolgreichen BGB-Prüfungen geführt

Frisch und witzig, mitreißend und anregend geschrieben. Erscheint bereits in über 31 Auflagen mit mehr als 1 Million verkauften Exemplaren!

HGB – *leicht gemacht* ®

Das Wichtigste aus Handels-, Gesellschafts- und Wertpapierrecht für Jura- und Wirtschaftsstudenten

von Notar Dr. Heinz Nawratil

Sehr lebendig und konzentriert auf das Wesentliche führt hier der Erfolgsautor zum Standard-Prüfungswissen. Aus dem Inhalt:

- Kaufmann und Firma
- Handlungsvollmacht und Prokura
- OHG, KG und Aktiengesellschaft
- Handelsgeschäfte und Wertpapiere
- Lerntipps und Klausuraufbau

Der Lernklassiker für alle, die sich zum ersten Mal mit Handelsrecht beschäftigen. Ideal auch zur Wiederholung und Prüfungsvorbereitung. Schon über 22 Auflagen.

leicht gemacht ®

▶Staat und Steuer

Staatsrecht – *leicht gemacht* ®

Das Staats- und Verfassungsrecht nicht nur für Studierende an Universitäten, Hochschulen und Berufsakademien

von Richter am AG Robin Melchior

Ein erfahrener Richter vermittelt lebendig und übersichtlich das deutsche Staats- und Verfassungsrecht. Aus dem Inhalt:

- Verfassung, Werteordnung, Gesetzgebung
- Grund-, Bürger- und Menschenrechte
- Würde, Freiheit und Selbstbestimmung
- Meinungs- und Pressefreiheit
- Kontrolle staatlichen Handelns

Ihr Plus: 22 Übersichten und 3 Prüfschemata!

Steuerrecht – *leicht gemacht* ® **(Blaue Serie)**

Eine Einführung nicht nur für Studierende Universitäten, Hochschulen und Berufsakademien

von Professor Dr. Stephan Kudert

Ein erfahrener Universitätsprofessor vermittelt dieses verständlich und fallorientiert. Aus dem Inhalt:

- Einkommensteuer
- Körperschaftsteuer
- Gewerbesteuer
- Umsatzsteuer
- Internationale Bezüge

Eine unerlässliche Lernhilfe für die Steuerklausur sowie Beistand in Beruf und Alltag. Ihr Plus: 18 Übersichten und 23 Leitsätze!

Blaue Serie

Kudert
Steuerrecht – leicht gemacht
Das deutsche Steuerrecht

Kudert
Int. Steuerrecht – leicht gemacht
Grenzüberschreitende Aktivitäten

Warsönke
Einkommensteuer – leicht gemacht
Das EStG-Lehrbuch

Mücke
Umsatzsteuer/Mehrwertsteuer – leicht gemacht
Für Studierende und Praktiker

Schober
Gewerbesteuer – leicht gemacht
Systematisch – präzise – verständlich

Drobeck
Erbschaftsteuer – leicht gemacht
Erbschaft- und Schenkungsteuer

Warsönke
Abgabenordnung – leicht gemacht
Das ganze Steuerverfahren

Warsönke
Körperschaftsteuer – leicht gemacht
Die Besteuerung juristischer Personen

Schinkel
EÜR – leicht gemacht
Einnahme-Überschuss-Rechnung

Warsönke
Steuerstrafrecht – leicht gemacht
Verstoß, Verfolgung, Verteidigung

Schinkel
Klausuren im Steuerrecht – leicht gemacht
Techniken und Methoden

Schinkel
Die Besteuerung der GmbH – leicht gemacht
Das GmbH-Steuerlehrbuch

Drobeck
Die Besteuerung der Personengesellschaften – leicht gemacht
GbR, OHG, KG, Gesellschafter ...

Möller
Die Besteuerung von Kapitalanlagen – leicht gemacht
Zinsen, Aktien, Fondserträge ...

Schober
Die Steuer der Immobilien – leicht gemacht
Anschaffen, Vermieten, Veräußern ...

Mutscher/Benecke
Die Besteuerung von Umwandlungen – leicht gemacht
Das Umwandlungssteuergesetz

Kudert/Sorg
Steuerbilanz – leicht gemacht
Die steuerlichen Grundsätze

Kudert/Sorg
Rechnungswesen – leicht gemacht
Buchführung und Bilanz

Kudert/Sorg
Übungsbuch Rechnungswesen – leicht gemacht
Lernziele, Übungen, Lösungen

Kudert/Sorg
Kostenrechnung – leicht gemacht
Kosten- und Leistungsrechnung

Kudert/Sorg
IFRS – leicht gemacht
Int. Financial Reporting Standards

In regelmäßigen Neuauflagen
www.leicht-gemacht.de